JN304599

ヤマケイ文庫

狼は帰らず

アルピニスト
森田勝の生と死

Sase Minoru
佐瀬 稔

YL
Yamakei Library

写真＝柳木昭信

冬の一ノ倉沢。左から、滝沢リッジ、滝沢、本谷（四ルンゼ）、烏帽子沢奥壁、衝立岩正面壁（写真＝平田謙一）

狼は帰らず

目次

「行かないよ、ぼくはもうグランド・ジョラスには行かないよ」

——ルネ・デメゾン

「三スラ」の神話

昭和五十五（一九八〇）年二月十六日、丹沢山岳会の冬期グランド・ジョラス北壁登攀隊員、堀内末夫は、エギーユ・デュ・ミディのケーブル駅から、バレ・ブランシュ（白い谷）をスキーで滑降していた。長い間の夢がついに実現した、はじめてのアルプスである。気分は高揚し、心はもう、何日も前からはやっていた。このような日々を、何年もの間、夢見ていたのだ。写真やルート図で胸に刻み込んだ山々が、今、目前にある。

株式会社リコー厚木事業所勤務の二十七歳。富士吉田市出身で、高校時代はスキー距離競技の選手として国体や高校選手権に出場した経験をもつ。高校を出てリコーに入社したころ、山登りを知り、二十三歳の時、丹沢山岳会に入会、ロック・クライミングをはじめた。劔、谷川などを中心に、登ったルートは約七十本。そのうち冬期登攀は八ルート、初登攀が二ルート。小柄だが腕の筋肉が盛り上がり、タフな体つきである。

登攀隊の隊長は西村豊一、三十四歳。実力派クライマーとして知られ、昭和五十三（一九七八）年夏にはドリュ、マッターホルン、レム針峰、翌五十五年夏にもミディ針峰北壁を登り、グランド・ジョラス北壁の偵察を行なっている。副隊長の日高健二も五十三年夏にモアヌ東壁、ミディ南壁、グランド・ジョラスとアイガー北壁の偵察と、ヨーロッパ・アルプスを経験した。五十五年冬、グランド・ジョラスのウォーカー側稜を狙う登攀隊員はこの西村、日高の二人と堀内の三人。他に五人がサポート及びエギーユ・デュ・ミディからのトランシーバー交信などサポートに回る、という編成だ。

堀内がシャモニに着いたのは二月二日。計画によれば先発隊が一月二十一日からレショ小屋への荷上げを開始、二月六日から登攀期間、となっていたが、この年、ヨーロッパ全域が異常天候に覆われていた。二日から七日まで、連日、雨のち雪、雪のち雨の連続である。十一日、ようやく晴れたのでレショ小屋へ第一回の荷上げを行なったが、堀内にとってはじめてのヨーロッパ・アルプスは、どちらかといえば不機嫌な顔つきに見えた。

二月十六日、晴れのち曇り。堀内は再び荷を背負い、バレ・ブランシュに立つ。距離競技の選手だった彼には、荷物を背負ってスキーを走らせることにかけてはまず誰にも負けない、という自信がある。

標高三八〇〇メートルのエギーユ・デュ・ミディの稜線から標高差約一八〇〇メートル、長さ一八キロのバレ・ブランシュの大斜面には、ガイドに連れられたスキーヤーが何組もいる。堀内はクレバスがこわいので、そのスキーヤーたちのあとをついて斜面を下った。氷河はやがてアイス・フォールとなってメール・ド・グラス（氷の海）の大氷河にぶつかる。そこから右に折れ込んでいるのがレショ氷河であり、その一番奥に、グランド・ジョラスの北壁が地の終わり、天のはじまりといったふうにそびえている。

レショ氷河から北壁に対すると、まず左はジロンデル山稜が危険な美しさで落ち込んでいる。左から最高点四二〇八メートルのウォーカー・ピーク、ウィンパー・ピーク、クロ・ピークと続く長い頂稜を力強く支えているのがウォーカー側稜、ウィンパー稜、中央バットレスだ。建築家にため息をつかせるような、みごとな気品と風格である。それは危険であると同時にきわめて安定した構図を形作っており、神が刻んだ純潔と高貴のモニュメントと見える。北壁は高度差一二〇〇メートル、幅一五〇〇メートル。一日眺め続けても、その全貌を知ることはできない、清らかで壮麗の大建築である。

堀内は、レショ氷河の出合でスキーにシールをつけ、登り出す。仲間たちにいわせれば「飛ぶような」というほどの速さだ。

氷河の右岸を一〇〇メートルほど登った岩壁に、フランス山岳会が作ったレショ避難小屋がある。グランド・ジョラス北壁攻撃の根拠地だ。小屋への登り口まであと一〇〇メートルほどのところにかかった時、堀内は、上から二人の人影が下ってくるのに気づく。

近づくにつれ、二人が日本人だとわかる。わかった時、そう考える理由はまったくなかったのだが、

「あれはもしかすると……」

とひらめいた。

――もしかすると、去年、ウォーカー側稜で敗退した森田勝さんではないだろうか。

森田には一度も会ったことはない。この冬、彼がどこで何をするつもりなのか、についてもまったく知らない。にもかかわらず、どうしてとっさにそんなことを考えたのか、堀内はいまだに不思議だと思っている。

「やあ今日は」

「ご苦労さんです」

挨拶の言葉を交わしたあとで、堀内は思いきって聞いてみた。

「もしかすると、森田さんではありませんか」

ヒゲをはやしたその男は、ヒゲの向こう側でニヤッと笑う。

「そうです。森田ですよ」

堀内の声がひとりでにはずんだ。

「やっぱりそうでしたか。またこられたんですか」

「ああ、またきました。今度はやりますよ」

「今日はこれから?」

「日本から着いたばかりで、まだ体の調子が出ないんですよ。いっぺんシャモニに降りて、体調を整えて出直すことにします」

「そうですか」

「しかし、登る時は多分お宅たちと一緒になるんじゃないのかな」

「そうですね。その時はまたよろしくお願いします」

「こちらこそよろしく。お互い、頑張りましょうや」

身長一メートル七五くらいか。がっしりした体に、冬山の装備がほれぼれするくらい身についている。連れの若い男は、森田よりはるかに長身で、これもりっぱな体つきだが、無口な性格と見え、森田のうしろで、ただニコニコと笑っているだけだった。

簡単なやりとりを交わしたあと、森田たちはレショ氷河を下って行った。堀内はレショ小屋に荷を下ろす。

その夜、若干の降雪があり、一〇センチから一五センチほどの新雪が積もった。

*

二月十七日、西村、日高、堀内の登攀隊、ほかに二名のサポート隊と丹沢隊の全員がレショ小屋に揃う。堀内らはウォーカー側稜の取り付き点まで往復して登攀用具をデポ、及び壁の偵察。夏の偵察データと付き合わせてみると、

「雪の量は夏より少なく、壁の状況は冬期登攀の絶好のコンディションである」

という結論が出た。

問題は天候である。シャモニで入手した天気予報によれば、向こう三日間は好天の見込み。しかし、天気図を見るとスペイン半島上空に前線がかかっている。シャモニの天気予報は向こう三日間の予測しか出さないから、それ以降は自分たちで天気図を読むのだが、この前線の動きが読み切れないのだ。

隊長の西村がいう。

「少なくとも、五日間の好天が期待できなければ、われわれは壁には取り付けない。三日間だけでは不足だ」

二月十八日、丹沢隊はレショ小屋にて待機と決定。

その日の午後二時ごろ、森田が背の高い若い男、つまり、村上文裕を連れてレショ小屋に上がってきた。

――体調を整えて、出直すといっていたから、三、四日はシャモニにいるつもりだろう。

と考えていた堀内は、ちょっとおかしいな、と感じたが、そんな気持ちはすぐ消えた。

森田は、

「三日晴れてくれさえすれば、それまでに灰色のツルムは越えられるから、あとは何とかなる。三日間、天気がもってくれたらね」

という。こうもいった。

「どうせ登るのは一緒になるんだ。登頂して、イタリア側へ降りたらあそこでうまいものを腹いっぱい食おうじゃないか。それからシャモニへ行って、両パーティ一緒に盛大にお祝いしよう」

上下二段の板敷きがあって、十二人が体をくっつけ合ってどうやら寝られるだけの小屋のなかが、森田パーティの到着でにわかに明るくなる。

――これがあの森田勝なのか、一匹狼とか、スーパー・ゴリラとかいわれた……。

堀内はそんな思いで森田の姿を眺め続けた。

森田は、自分たちの登攀用具や食糧を快く見せてくれた。

「この靴ね、ぼくが考案したんだ。今度、モリタ・モデルの名で売り出すからよろしくね。それから、こっちのツェルトね。これもぼくが考えて特別に作ってもらったんだ。ハーケン一本で壁に吊るせるんだよ。あ、それは特製のガス・バーナーのカバー。熱が逃げないように工夫してある。ボンベもガスがよけいにつめられるようになっているんだ。

食糧の方は行動食なし。昼間は何も食わないんだ。少なく見えるかもしれないが、これで十日間は大丈夫。登攀終了まで六日間、それにプラス四日分みてある」

堀内は、食糧の量の少なさと、それとは逆に、ガス・ボンベの数の多さに注目した。ボンベの数は丹沢パーティの倍ほどもある。

――ぼくらの食糧も、もう少し減らせるんじゃないかな。

などと思う。

堀内の回想。

「森田勝という人物は、何というか、もっとこわい感じの男じゃないかと考えていた。Ｋ２遠征の時、隊長に反逆して下山したり、一匹狼といわれたりしていましたからね。だが、ああやって会ってみると、明るく気さくで、まるでイメージが違う。今年は慎重に登るよ、などともいっていました。

Ｋ２やエベレスト遠征での話のこともちょっと聞いてみたが、記憶に残るほどの返事はなかった。こちらもそれ以上は聞きませんでしたしね。おしゃべりしながら、これがあの森田さんなのかなあ、と何度も思いました」

森田と村上は、午後六時にはもう小屋の毛布にもぐり込んで眠ってしまった。話ができたのは、四時から六時までの二時間足らずである。

翌二月十九日午前二時半、二人は小屋を出る。

ねぼけ眼で毛布から顔を出した丹沢パーティに、森田が声をかけた。

「お宅たちもすぐくるんでしょう。待ってますよ」

堀内が挨拶を返す。

「はい。すぐ追っかけます。頑張って下さい」

ドアが閉まり、谷側のテラスを踏む山靴の音が聞こえ、ふたつのヘッド・ランプが窓の外に揺れてすぐ見えなくなった。

十九日、晴れ。丹沢パーティは午前七時半に小屋を出て、ルート工作のため取り付き点に向かう。

――森田さんが行った。ぼくらもいよいよチャンスだ。

堀内の胸は鳴り出さんばかりだったが、隊長の西村は首を縦に振らない。好天の見通しが三日間だけでは足りない、五日間もつという見きわめがなければ、われわれのパーティの力量からいって、壁に取り付くわけにはいかない、というのである。

先行した森田がうらやましい。グランド・ジョラスの清らかな壁を目前にすると、胸の底から何かがこみ上げてきて、抑え難い。しかし、その堀内にしても、隊長の方針は理解できた。

〈われわれがあの壁で三日も吹雪かれたら、指の五、六本は（凍傷で）なくすことになるだろう、二、三本ならまあ我慢できるけどな……〉

そんなことを考えながら、ルート工作にかかる。

レショ小屋のサポート隊員の観測によると、森田パーティが取り付き点に刻着したのは午前八時半。雪や氷河の状態にもよるが、普通、二、三時間とされているところを六時間もかかっている。暗かったため、クレバス、それが一部はアイス・フォール状になっている地帯にまともに入り込んでしまい、それで時間がかかったのだ。

丹沢パーティは取り付き地点近くにザイルを三本固定、三ピッチ登ったところに登攀用具をセットする。かねて荷上げしていた装備が、ルートからそれたところにデポしてあったため、それも正しい位置に移す。

その作業の最中に、堀内は、岩壁に取り付いている森田の姿を、ほぼ五〇メートルの距離で目撃する。

急に大声をかけて驚かしてはすまない、と思い、堀内は遠慮がちに、

「森田さん、頑張って下さい」

と声をかけた。

その時、森田は、下から登ってくるパートナーを確保していたが、呼びかけに返事することはなかった。

堀内の声が小さ過ぎたか、それとも、職人芸の名クライマー、といわれたこの男が、自らの作業に集中、没頭していたせいであろう。

再び、堀内の回想。

「森田さんのことは忘れられない。ぼくらにとっては、いわば先生のような人なのだし、あの人は自分のやりたいことを一生懸命やり抜いた人です。今、人間の生き方は

そうじゃなけりゃいけないとぼくなんかは思う。価値観としてです。それに何よりも『三スラの神話』はぼくらにとって大きいものですからね……」

「三スラ」すなわち、谷川岳一ノ倉沢滝沢第三スラブの積雪期初登攀は昭和四十二年二月二十五日から二十六日にかけて、森田勝、岩沢英太郎の二人によって行なわれた。

雪崩が集中する滝沢下部ダイレクト・ルートから、垂直に近い氷壁が連続する第三スラブをへてドーム壁まで、八〇〇メートルに及ぶこの長大なルートを、登ってみようと考えたクライマーは、当時、いないも同然といってよかった。近代アルピニズムは、より困難なものに対し献身的な挑戦を追求するが、危険はあくまでも避けることによって自殺的行為と一線を画している。冬の滝沢第三スラブは、困難よりもむしろ危険の色が濃過ぎて、登攀の対象とはならない、というのが支配的な考え方だったのだ。

しかし、森田にはこの時、どうあっても第三スラブを登らねばならぬ、差し迫った事情があった。前年計画され、この年実行された緑山岳会のアコンカグア南壁遠征隊のメンバーに「カネがない」という理由で加われなかった、ということがひとつある。

三十四年に緑山岳会に入会した森田は、凄まじい勢いで山行に参加し続けた。プレス工場の金型職人としていい腕を持つ彼は、山行のたびに会社を辞め、職場を転々とし、金銭的には一種の極限状況のなかに身を捨てて山を登っていた。その間、初登を含めて大きな登攀を何本もやっている。

しかし彼は、のちにのべるような状況によって常に二流の人だった。二流の男が一流になれる機会だったアコンカグアには、カネがないというそれだけの理由で行くことができない。

パートナーの岩沢によれば、借金ののぞみも絶え、アコンカグア行きをついに断念したころの森田は荒みきっていたという。その荒廃のあとで、彼は戦いを計画した。当時、次々にヒマラヤやアルプス、南米の岩壁に出かけて行った一流のクライマーたち——それは同時に、ギリギリのその日暮らしの男に比べれば経済力のあるクライマーたち——が、

「三スラ？　あんなの、登るところじゃないよ」

と嘲った滝沢第三スラブとの戦いである。

男を戦闘的な（時には絶望的な）行動に駆り立てる動機はさまざまだ。森田の場合は、自分を二流に留めておこうとする状況そのものが、しばしば動機となっていたのだった。

彼は、雑誌『山と溪谷』四十二年五月号登攀月報に寄せた三スラ冬期初登記録を、

次のように書き起こしている。

〈三十五年二月に永い間の課題だった衝立岩正面岩壁が東京雲稜会の南博人氏等によって登られた時、多くの人々はそこに一ノ倉沢における冬期登攀の黄金期が事実上終了したものと思った。それ以後、積雪期の一ノ倉沢でさえ、冬期登攀のゲレンデと化し、そこから多くのクライマーたちが遠くヨーロッパやアンデスへと出かけて行った。

そのゲレンデ化した一ノ倉沢にも、絶え間のない雪崩の恐怖が支配し、人を寄せつけない冷厳さで身をかためた滝沢スラブが、十年前にはじまった積雪期一ノ倉沢の黄金期の幕切れを拒否するかのように静まり返っていた。

奥壁が登られ、滝沢リッジが登られ、はたまた衝立岩正面壁が登られようと、ゲレンデ化した冬期一ノ倉沢の幾多のルートが辿られようと、私にはなんの興味も呼び起こさなかったし登ったこともなかった。いくたびかの一ノ倉沢登攀の都度、南稜テラスから仰ぐ滝沢スラブ、奥壁の登攀中に眺める逆光に輝く滝沢スラブ、その滝沢スラブの積雪期初登攀こそ岩壁登高に魅せられて十年の間、谷川岳、劒岳、穂高岳、そして黒部周辺の岩場を攀じてきた私の夢であったのだ。

本年に入って山学同志会のマッターホルン北壁の冬期日本人による初登攀。また永い間私のパートナーであった、青木敏たちのアルゼンチン・アンデスのアコンカグア南壁の登攀、など海外においても輝かしい記録が日本人の手によってたてられていった。一連の素晴らしい記録を聞くにつけ、私には私なりに日本の国内で行なうことのできるもっとも困難なルートへの挑戦というテーマが、私の決心を迫っていたのだった〉

前半で夢を語っていながら、後半に思わずみじめな本音が出てしまっている。

「カネのある奴が外国へ行くのなら、オレは国内で凄いことをやってやる」

という、いわずもがなの悲しい挑戦である。

これものちにのべるのだが、いつも一言多くて、そのためにバカにされたり、人を怒らせたり、という森田は、この文章でも例によってさらによけいなことをいってしまっている。

滝沢下部ダイレクト・ルートを終わって、これからビバークに入ろうというところだ。

〈アンデスの氷は堅いと聞いているが、これ以上なのだろうか。日本のバリエーション・ルートなど、いくら登ってみても所詮ゲレンデ登攀に過ぎぬのではないかなどと自らも嫌悪感が頭を持ち上げてくる。その反面、自分には外国の山などへ行く暇も資金もない、だからこそ国内のバリエーション・ルートのアタックを企てたのではないか。その自分自身の心との闘いとは無関係に風雪はその烈しさを増すばかりであった……〉

カネがなくてアコンカグアに行けなかったことを〝みじめ〟と思う心がなかったら、何も雪崩の巣などへ自ら求めて迷い込むことはない。

しかし彼は、そのみじめさに耐えきれず、自らに闘争を命じたのだった。男を、身のほど知らぬ戦いに駆り立てるのは、往々にしてそんなことだ。そして森田は、そのことを隠そうとしなかった。自らのなかに燃え上がった激しい火を隠すなどという作業は、もともと、彼には無縁のことだったのである。

動機はどうあれ、滝沢第三スラブの登攀が凄絶の戦いであったことに変わりはない。レショ小屋で偶然森田にめぐり会った若いクライマー堀内は、それを「三スラの神話」と呼んだのである。森田らが登ったあと、このルートが再び冬期に登られるまでに七年もかかっている。

緑山岳会での森田の先輩で、一ノ倉沢コップ状岩壁正面壁はじめ数々のルートを開いた名クライマー、大野栄三郎は、森田らが第三スラブを登ったと聞いた時、「時代は間違いなく変わった。新しい時代がはじまったのだ」

と感じたという。彼自身は、壁やリッジを技術で解決していくことを好んだし、第三スラブを登ろうという気はついに起こらなかったが、森田の激しい攻撃の精神によって、ひとつの時代が開かれたと直感したのである。しかし、冬期の第三スラブ自体は、そのように、しばらくはクライマーたちの神話のなかに閉ざされたままだった。

森田とともにその神話を分け合う岩沢英太郎は、昭和十五年三月一日、千葉県生まれ。当時、鶴見かもしか山岳会に所属して名を知られた尖鋭的クライマーで、第三スラブを登る前は、谷川岳一ノ倉沢衝立岩正面壁、滝沢リッジ、衝立岩正面壁ダイレクト・カンテ（いずれも冬期）などに次々と成功、四十三年夏にはヨーロッパ・アルプスに三カ月半滞在し、グランド・ジョラス・ウォーカー側稜、ツール・ロンド北壁、ビオナセイ北壁、ダン・デ・ジュアン、チマ・グランデ、マッターホルンなどを精力的に登った。

森田とは、第三スラブの翌年、再びザイルを結んで積雪期の谷川岳一ノ倉沢烏帽子沢奥壁変形チムニー・ルートを完登している。だが、いつか岩沢の方で彼を避けるようになり、そして岩沢自身、激しいロック・クライミングから遠ざかった。

四十五年結婚、二児を得て、いつまでも岩壁上で死を見つめるようなことはしていられなくなったという事情もある。森田は転々と職を変えつつ、まるで何かの怨念につかれたように山を登り続けたが、彼より三歳若い岩沢の方は、家庭と、そして日本製鋼所東京製作所作業部機械課勤務という仕事を実直に守って岩壁から退いたのだった。

岩沢が語る。

「いよいよ三スラをやろうということになって一ノ倉沢出合の小屋に入ったのだが、取り付くまでに確か一週間近くその小屋で過ごしたと思う。

町で会う時の森田さんは、わりと騒ぐのが好きだったが、この時はじっと押し黙っていることが多かった。そうやって黙っているのにいよいよ耐えられなくなると、さかんに死という言葉を口にした。

『これで死んじゃあしょうがないなあ』

とか、

『オレはダメなのかなあ』

などと何度も独り言のようにいっていた。何しろ、岩壁の雪崩という雪崩が扇の要の部分に集まってくるところを登るのだ。死について考えないわけにはいかなかったのだろう。

『剱の池ノ谷中央壁をやった時な、あの時は死ぬか生きるかで大変なものだった』

そんな話もした。ひとしきりしゃべったあと、また黙り込んでしまう。そういうことの繰り返しだった。

戦いのはじまる前が一番つらいのだ。死と成功の率が五分五分に見えたりして、それに耐えるのは苦しい。私は森田さんのように外へ出すタイプではないから、何週間もかけて一人で重圧に耐え、それを突破してきたが、そうやって登ったからといってこれは徹底的に無償の行為なのだ。人それぞれのやり方で苦しみを乗り越えるのだけれども、なかなかつらいことだった。

登りはじめれば、もうそういう恐怖は消える。ビバークした時には、森田さんも死の話はしなくなった。その代わり、ひどく捨て鉢になることがあったのを覚えている。

『オレはもう死んだっていいや』

などといったりする。あとで、あれは何か、あの人の生い立ちにも関係あるのだろうか、と考えたが、オレはもう死んだっていいんだ、といって、一緒に登っている人間のことまで忘れてしまう。

あの人の技術や馬力は間違いなくりっぱだったし、あれほど山登りに最高のものを求め続けた人はそうざらにはいないと思う。山に対する激しさは凄かった。しかし、ただただ、山に登りさえすればいいんだ、という考え方には私は次第についていけなくなった。つまり、森田さんとは山に登りたくなくなった、ということだ。

私は、気の毒な人だ、と考えている……」

＊

昭和五十五年二月十九日、森田勝はレショ小屋で、堀内たちの前に死の影さえ見せなかった。

彼のザイルから岩沢を去らせることになった、一種形容のしがたい激しさを、のぞかせることもしていない。

彼は、

「シャモニに帰ったら、盛大にお祝いをやろうや」

といい残し、ヘッド・ランプを光らせて真っ暗なレショ氷河に降りて行ったのである。

ホキ勝

東京緑山岳会は、昭和十四年七月十三日に創立された。事務所は初代会長・寺田新吉の住む東京・本所区緑町三丁目一番地。会の名称はその地名にちなんで「緑」と定められた。発足した時の会員数が十三人と、これも「十三」の数字に縁がある。

メンバーの職業は会社員、工員、看板屋、大工とさまざま。寺田の父は神田から本所に移り住み、宮内省御用達の木地師、指物師を家業としていた。現会長で、寺田の末弟、甲子男《きねお》は当時、中学生だった。

寺田甲子男は日大予科に進んだが、間もなくやめて谷川岳にのめり込んでいく。学校へ行っても戦時体制で満足な授業もない。どうせ兵隊に取られることになっている。一度取られたら四、五年は帰ってこられない。いや、そもそも、生きて帰ることさえおぼつかないだろう。

——それなら、登れるだけ登っておこう。

昭和十八年から十九年にかけて、彼はのべつ谷川岳に出かけていた。

谷川岳が、近代スポーツ登山の対象としてはじめて記録に留められたのは、大正九年七月二日のことである。のち、日本山岳会理事となる藤島敏男と森喬の二人が、土樽の住人、剣持政吉を案内人として土樽から茂倉岳、一ノ倉岳、オキの耳、トマの耳をへて天神尾根を谷川温泉に下った。昭和二年三月、慶応ＯＢの大島亮吉がスキーとアイゼンで天神尾根を登り、同年七月、マチガ沢本谷の初登に成功して谷川岳は開拓期を迎える。

開拓期に活躍したのは、東大はじめ大学、高校の山岳部員たちだったが、大島亮吉が『登高行第七年』のなかで「近くてよい山なり」と書いたこの山に、やがて、大学山岳部という日本山岳界の主流に属さない、社会人クライマーの注目が集まるようになる。

職業を持つために、大学山岳部員のように穂高、劔でたっぷりと日数を費やすことのできない彼らは、夜行日帰りを数でこなすのがもっとも手っ取り早い「飢え」のしのぎ方である。「近くてよい山」谷川岳に、彼らがむしゃぶりつくようにして集まったのは当然の成り行きだった。しかも、大学山岳部より二歩も三歩も遅れてやってきた彼らは、その遅れを取り戻そうとより困難なルートを求めてほとんど週末ごとに谷川岳に通った。

昭和七年六月、のち登歩溪流会員となる山口清秀が、一ノ倉沢一ノ沢、三・四ルンゼ中間リッジ、二ノ沢左俣から一ノ沢との中間リッジへと単独でたて続けに登ったのを皮切りに、谷川岳の岩壁に登歩溪流会を筆頭とする社会人山岳会の意欲的な攻撃がはじまるのである。

太平洋戦争末期、出陣を間近に控えた多くの若者たちが、青春残照の思いをこの岩壁に託す。

昭和十八年、河鹿岳友会の村井半之助、今井実が幕岩Bルンゼ、鵬翔山岳会の森田達雄、宮井英明が一ノ倉沢六ルンゼ左俣を落とした。十九年、戦局が苛烈さを増すとともに、より一層、時に虚無的なまでに透明な闘志が、谷川岳の暗い岩壁にぶつけられていく。

鵬翔の森田達雄、小川芳之助、河鹿の今井実は一ノ倉沢コップ状岩壁へ。日本雪稜会の神保一男、後藤作司、鵬翔の中野満らは烏帽子沢奥壁へ、長越茂雄、村井半之助、山際仙吉らは一ノ倉沢滝沢下部バンド・トラバースのあと滝沢第三スラブへ。一ノ倉の壁は、せっぱつまった若者たちの心象風景に、不思議によく似合ったのである。

十九年、寺田甲子男は八月、九月と一ノ倉沢二ルンゼ、四ルンゼ、幽ノ沢と、思いつめたように登ったあと応召、朝鮮、満州へ派遣された。応召するまで、この年だけで実に三十七回も山に入っている。復員は翌年の十月。その年の十一月にはもう鷹ノ巣A沢へ出かけた。敗戦の混乱、飢餓状態を、闇屋をやって切り抜けながらだった。以後、三十年の一月に三人のパーティが八ヶ岳阿弥陀岳南稜を登るまで、緑山岳会の登攀記録はすべて谷川岳に限られている。

いつ戦場に出るかわからない若者たちの心の風景によく似合ったように、谷川岳の険悪な岩壁は、戦後、町でうっ屈の思いを抱える者をやみくもに駆り立てていく。

のちに、前衛的クライマーの中心となって、第二次RCCの創立にかかわる故・奥山章も、戦中戦後の苛烈な日々を山通いで過ごしていた。戦争末期、三ツ峠へ行った時には、夜道で地元の青年団や在郷軍人会の検問に会うなどという経験をしている。

「戦時中にもかかわらず山へ遊びにくる非国民は、罪ほろぼしに国債を買え」

というのだ。山通いの汽車賃にもこと欠くような少年に国債を買うほどのカネがあるはずはない。国債を買えないならこのまま帰れという〝関所〟に対して、奥山たちは〝関所破り〟をかけた。かん声をあげて突っ込み、必死に走って追手から逃げる。その経験を、彼は未完の遺稿となった『ザイルを結ぶとき』のなかで次のように書いている。

「富士登山用の八角棒を持って追ってくる奴らに捕まったらひとたまりもない――と、少年は闇のなかを追われる罪人のように、夢中で逃げた。

ようやく追手から逃がれた少年は、あくる日はほとんど休む暇なく、これまでにない激しさで、むさぼるように岩を登った。そして、岩場の端から端までの全ルートをたんねんに登りつくした。ひたむきに登ることによって、前夜の恐ろしさとみじめさから逃がれることができた。無心に岩を攀じる時、その緊張のなかには、何者の侵入をも許さないたしかなものがあることを、少年は知っていたのである……」

昭和二十年代、丹沢や谷川岳に集まる若者たちの間には、青春の露悪趣味ともいうべき奇妙な風俗が流行していた。

ボロボロのシャツにこれもすり切れた背広のチョッキ、ズボンは土建屋の親方ふうのニッカーに脚絆。上野や新宿の駅を発つ時は、申し合わせたように古びた女ものの下駄。背負っているのはサブザック、といえば体《てい》がいいが、要するに、小さな袋の口をしばった乞食袋のようなもの、といういでたちである。肩にはもちろん麻のザイル。なかには、夜行列車に乗り込む前から腰のハーケン、カラビナをガチャガチャいわせている者もいた。沢や岩場に着くと、下駄を乞食袋にしまい込み、ワラジにはき替える。男物と違って女物の下駄は細身でカサばらなくていい、という口実だが、いってしまえばヨウカン色の破れ紋付を着ていても武士の心は捨ててはいない、といったたぐいの、貧しい青年の薄汚れたダンディズムなのだった。モノもカネもない時代、特に不景気な町工場や作業現場から山へ通う若者たちには、そんな突っ張りようしかなかったのである。

空襲で焼き払われた下町に帰ってきた緑の会員たちは、週末ごとに谷川岳へ通った。昭和二十三年七月十八日を例にとると、一ノ倉沢の二ノ沢左俣、二ルンゼ、五ルンゼに同時に取り付き、それで気のすまぬ居残り組は翌十九日、衝立沢、さらに二十日、αルンゼと登り続けた。下町の若い衆たちの集まりのこの会の山でのコールは「東西、東西!」である。一ノ倉沢の井戸の底のような岩場のあちこちで、このかけ声が我がもの顔に飛び交った。

仕事にアブれたトビ職のような姿の彼らは、売ったのか、買ったのかは定かではないが、ケンカ沙汰もしばしばだった。

一ノ倉沢を登った帰り、寺田ら三人組がマチガ沢出合に差しかかると、テントの張り綱が細い道にはみ出している。テントの主は大学山岳部だ。三人のうちの一人が、この張り綱に蹴つまずいた。大学山岳部を旗本とすれば、下町山岳会はひどく薄汚れてはいるが町奴である。挨拶の声をかけたが、テントのなかから返事はない。

「挨拶したのに返事ができねえのか」

とたちまちケンカ腰だ。神田で生まれて本所で育った寺田は、身長一メートル六〇に満たぬ小男だが、タンカは恐ろしくキレる。

「キサマら、学生の分際でこんなところにテントを張りやがってふてえ野郎だ。よく聞け、オレは緑の寺田だ、文句あるか」

タンカとともに踏み込んで、十人ばかりの学生をことごとく叩き伏せ、ついでに、りっぱなテントを八つ裂きにして引き揚げた。

アルピニズムもヘチマもない。何かに追いつめられた気分で、捨て鉢、やけくその愚連隊のようなものである。

「緑の顔パス」というのがある。上越線土合駅の改札口を「お早ようっ、ご苦労さん」と間髪を入れぬ間合いとかけ声で、もろに押し通ってしまうのだ。寺田にいわせれば、新駅長が赴任してきた時、手みやげを持って自宅を訪ね「いつもお世話になります」と挨拶して以来、すっかり親しくなったおかげだ、というのだが、無法の顔パスであることに変わりはない。

数が多いからよけいに目立つ。

「緑の奴ら、何と柄の悪いことか」

と顔をしかめられているのを百も承知で、彼らは「東西、東西」と一ノ倉をのし歩いた。

谷川岳のパイオニア、登歩溪流会や昭和山岳会、東京山の会などに比べれば緑は後発の山岳会である。しかし、東京の下町でわけのわからぬうっ屈の思いを抱え込む若者たちは、侠客気分の会長の下、やたらに威勢のいい会員たちの雰囲気にほかでは得られぬ居心地のよさを楽しんでいたのだった。

寺田はいう。

「確かに柄のいい方ではなかった。一ノ倉はいたるところ緑だらけで、どうしても目立ったし、土合の顔パスがねたまれたこともあったし、小屋で大学の山岳部とケンカになり、テメエら出て行きゃがれと叩き出したりで、まあ、町のチンピラみたいなものだった。緑の連中は、バランスと体力、腕力、それに度胸で登りまくっていたのだ」

緑の会員はいつでも谷川岳にいる。会員の数は百人近くで動員がかけやすく、しかも、谷川岳をフランチャイズにして場数を踏んでいる。このため、谷川岳で遭難事故が発生するたびに、緑に救助の依頼が舞い込むようになった。はじめのうちは、現場に居合わせた者が、

「よしきた」

と、いつもの威勢のよさで引き受けていたのだが、いつごろからか、遭難発生のニュースが入ると、まず、東京の寺田の自宅の電話が鳴るようになる。

会員は、理由はどうあれ、谷川岳へ行けるというだけで勇み立つ、といった男たちだ。緑山岳会は、舞い込む救助依頼を次々と引き受け、ついには職業的な熟練さえ身につけるにいたった。彼らの救助活動を支えるのは、谷川岳の岩場を知りつくした経験と技術、そして何より大きいのは、会長を親分と呼び、会長は会員を子分と称する結束力である。彼らは、相当に経験のあるクライマーでも、チラッと見ただけで失神しかねないほど凄惨な遺体を手際よくシートで包み、身ひとつで降りるのさえ困難な岩場をさっさと下ろす、そういう作業を深夜の電話一本で召集され、土合に駆けつけた会員が、まるで棟上げ式のようなにぎやかさでやってのけるのだ。

これがまた緑山岳会の悪評を生む。

「奴らは、救助に出動しては遺族からカネを取る。オロク（遺体）下ろしを商売にしている」

道で緑のパーティと会うと、そっとわきへ寄る人もいた。

ゲタばきで東京を発ち、沢の出合でゲタをワラジにはき替える町の山岳会員たちは、伝統のある大学山岳部員たちから疎外された。その町の山岳会は「一ノ倉はオレたちの縄張りだ」と豪語する緑のメンバーを「サルベージ屋」と呼んだ。緑は〝正統派アルピニズム〟から二重の疎外を受けたのである。だが彼らは、テント場にシャレコウベの旗を揚げて一層おのれの存在を誇示した。

登山家には文筆家が多いが、少年時代に山を登りはじめてから四十年の間に、寺田甲子男は一冊だけ本を書いた。書名は『山岳サルベージ繁盛記』である。

緑山岳会が困難な岩場での遺体引き下ろし作業に用いた方法に「流星法」というのがある。寺田は、その著書のなかでこんなふうに書いている。

〈『さあ仕事だ。KとN、ザイル工作をやれ』

二人が一〇〇メートルのザイルをピーンと張る。

『流星法はこうやるんだ』

ホトケに心の中で詫びながら、ザイル・フィックスしたロク袋（遺体を包んだ袋）を本谷めがけて蹴落とす。ひとつふたつ、派手に空中をとびはねながら、みるみる小さくなってゆく（略）

気がゆるむと二重遭難をやりかねない。Sと二人で怒鳴りながら、流星法につぐ流星法、雪渓上部まで一気に下ろす〉

山ではうっかり死ねないよ、流星法が待っている——緑の会員たちの間で、こんな言葉がはやったこともあった。

昭和二十七年、槇有恒、松方三郎、三田幸夫らを中心に、日本山岳会はマナスル登山隊の計画にとりかかり、同年八月二十五日、今西錦司、田口二郎、高木正孝、中尾佐助、林一彦、竹節作太ら六人の踏査隊が出発している。

二十八年、第一次登山隊失敗、二十九年、第二次も失敗、そして三十一年、槇有恒隊長の第三次隊がついに八一二五メートル（注）の頂上に立つ。この成功はたちまちにして国家的壮挙となり、国内に登山ブームという連鎖反応を巻き起こす。大学山岳部のOBたちは、戦争が終わったそのすぐあとから、ヒマラヤン・ジャイアンツ（八〇〇〇メートル峰）の初登頂を実現可能な夢として追い続け、死臭のしみついたような谷川岳の悪相の岩場には関心を払わなかった。

〈アンナプルナの向こうに、ぐんぐん雲が湧き上がってくるのが見えた。ポカラの方も、一面、雲に覆われて見えない。

時計を見ると、正午をわずかにまわっていた。僕の生涯で記念すべき一九五六年五月十一日。かれこれ一時間近く、この頂上にいたことになる〉

（編注）＝ネパールは昭和五十八（一九八三）年に八一六三メートルと発表。

ではじまるマナスルのサミッター（登頂者）加藤喜一郎の著書『山に憑かれた男』の文章は、さわやかな名文である。慶大ＯＢの加藤がこのような夢を見、文章を書いていたころ、緑山岳会のサルベージ屋たちは冷ややかな、時にはとげとげしい視線に包まれて、悪臭を放つ死体と格闘していた。

費用は一切遭難者側で負担するからといわれて東京を発ち、駆けるようにして現場に着く。だが、遭難者は自力で下山したあと。寺田たちのポケットのなかには帰りの汽車賃もない。家族にそのことを話したが、遭難者が無事とわかった瞬間から、〈俺たちは厄介者に変じたわけである。結局彼らは損をしたような、カネをただとられるような顔をしてシブシブとカネを差し出した〉（『山岳サルベージ繁盛記』から）

そんな目にも遭っている。

外貨も海外旅行もまだ自由化されていない。海外登山のための外貨申請のできる窓口は日本山岳会だけ。由緒正しいカレッジ・アルピニズムだけが〝登山市民〟であり、その本流の外にいる町の山岳会には、ナショナル・エクスペディションを組む市民権は与えられていなかった。まして、サルベージ屋はもちろんのことだ。

東京・お茶ノ水にある古びた日本山岳会のルームで、若き日のヨーロッパ・アルプスを、そしてきたるべきヒマラヤ遠征を語る人々を、一ノ倉の井戸の底から眺めれば、それはもうアルピニズムのロイヤル・ファミリーのようなものである。

パッとしない町工場、親子で食いつなぐ自営業、そうした職場でうっ屈の思いを育てる人々は、アルプスやヒマラヤにははるか遠い陰うつの岩場を、死を見つめつつはい回っていた。

しかも彼らは、自らの思いを何がしか晴らそうと、悪相の岩にのめり込めば込むほど、ロイヤル・ファミリーの住むところから遠ざからねばならなかった。かりにある人物が、山に注ぎ込む時間とカネと努力を、たとえば学歴の獲得や職場での昇進などというものに振り向けたとしたら、おのずから別の道が開けたかもしれない。

だが彼はそれをせず、ドクロの旗を振って死体の匂いをかぎ、そのあとの清めの酒でひとときを忘れる。自分の山行だけでなく、遭難と聞くと休暇をとって飛んでいってしまう勤め人に、職場がいい顔をするはずがない。かくて、職場はますます心楽しまぬところになるのだった。

*

昭和三十四年六月のある日の午後、緑山岳会の事務所を一人の男が訪ねてきた。このころ、会長の寺田は本所から品川区上大崎に引っ越して建築事務所を開いており、そこが緑の本部となっていた。

「森田勝といいます」

男はそう名乗り、ぜひ入会させてくれという。

背は高いが、ちょっとどもりがちで、声はボソボソとして言葉がよく聞き取れない。

——ひどくボサッとしたのがきやがったな。

と寺田はとっさに思ったが、とりあえずひと通りの話を聞くことにした。

「それでキミ、どこに住んでるのかね」

「はい、鶴見です」

「横浜かい。それじゃあ何もウチにくるこたあないよ、ウチの会と大層仲よくしていてね、ハラカラの誓いをしているベルニナ山岳会ってのが横浜の西区久保町にある。そこへ入ったらいいだろう。紹介してやってもいいぜ」

「でも、オレ、どうしても緑に入れてもらいたいんです」

「そりゃまた、どういうわけかね」

「谷川の一ノ倉を登るには、緑しかないと思うんで……」

「あんた、バカいっちゃいけないぜ。ベルニナだって谷川を登るし、剱にも行くんだよ。何もウチだけじゃあないんだ。第一、鶴見からここまでくるのは、集会ひとつ出るんだって不便で困るじゃないか。横浜にはいくらだって山岳会がある。ベルニナがいやならほかを当たってみるんだな。さあさあ、帰んなさい」

森田は不景気な顔をして帰って行った。

翌日、午後のほぼ同じ時間に、森田がまた現われる。寺田には前日同様、入れてやる気はなかった。

——見るからにボーッとしているくせに、しつこい野郎だな。今、ウチには八十人からの会員がいる。数に不足はまったくない。おかしな野郎が入ってきて、すぐやめられたりしたらよけいな手間がかかるだけだ。

寺田は「ダメだ、ダメだ」の一点張りで、森田の話を聞こうともしなかったが、途中で、

——まあ、それもあんまりそっけなさ過ぎるかな、

と気が変わり、

「入れるわけにはいかんが、折角きたんだから、きょうのところはメシでも食って帰れ」

と妻の信子にメシの用意をさせた。森田は背中を丸めて黙々と食い、帰った。

翌日、またまた森田が現われるに及んで、寺田はカッとなった。

「おい、ちょいと聞くがな、お前一体何やって暮らしてるんだ」

「プレス工をやっています」

「何をいってやがるんだ。きょうで丸三日、人様の働いている時間にこうしてフラフラほっつき歩いているじゃあねえか。真昼間から遊んでるような奴に、緑は用はねえんだ。入れるわけにはいかねえ。さっさとけえれ、けえれってんだよ」

「あのう、オレ、今、ちょっと会社辞めてるもんで……」

「だからよ、そういうのには用はねえってんだよ」

「緑に入れてもらったら、必ずつとめに出ますから、会長さん、お願いします」

「うそつきゃがれ。てめえ、ひょっとするてえと何だな、こうやってようすをうかがって、いずれ空き巣にでも入ろうてえ了見だろ。こっちにはわかってるんだ。いいか。緑はまじめに働いてる奴らが楽しむためにやってる会なんだ。遊び人には用はねえ。とっととけえれ、けえらねえか」

四日目、森田は三日間のことをまるで忘れたような顔で、四度、寺田の前に立った。

——この野郎、バカかもしれねえな。

と寺田は考えたが、前日、ポンポンと怒鳴ったあとではもう根気というものが続かない。

「こないだもいったようにな、鶴見からいちいち集会のたんびに出てくるのは骨じゃあないのかい」

「いいえ、大丈夫です。必ず出席します。一日も休みません」

「で、仕事の方はどうなんだい」

「すぐつとめに出ます。今までにも、すぐ見つかったんです。オレ、プレス工では一人前ですから……」

「遊んでちゃあいけないよ」

「ええ。仕事しなけりゃ食えないし、山にも行けないから、ちゃんと働きます」

「そうかい。そんなにいうんじゃあ仕方あるまいね。よし、入れてやろう」

茫洋としていた顔に、パッと歓喜の輝きが走った。それまで、一生懸命、という以外にはおよそ表情らしいもののなかった顔が、まったく別人のようである。

森田は「ありがとうございます」をいう代わりに、とっさにこう口走った。

「きょうから、何でも会長のいうことを聞きます」

「おめえ、バカなこといっちゃあいけねえよ」

寺田の方がテレた。

この時、森田は一言も触れなかったが、入会して大分たったころ、ポツリポツリと語ったところによると、彼はそれまで白稜会という山岳会に所属していたのだという。当時、白稜会は南アルプスの甲斐駒ヶ岳に精力を注いでいて、森田は入会して一年半、会の主力が狙う山の性格もあって地味な下積みのまま過ごしていた。

彼が、山岳会というものに入ろうと思い立ったのは、見るからにはなやかなロック・クライミングをやりたいからであって、重い荷を背負って長い尾根道を登るためではない。これではいつまでたっても岩登りは覚えられない、やらせてもらえないと見切りをつけて、白稜会を退会したのだった。

白稜会の事務所は目黒区中目黒。寺田の上大崎の家からは目と鼻の先だ。中目黒からフラフラと歩いてきて、森田は緑山岳会に出くわしたのである。

＊

森田勝は昭和十二年十二月十九日、東京・荒川区の田端新町生まれ。四人兄弟の長男で、父親は機械工だった。

のちの話になるが、四十八年、第二次ＲＣＣのエベレスト登山隊の一員としてカトマンズに向かう途中立ち寄ったカルカッタで、物乞いの子供たちに囲まれた時、とっさに幼かったころを思い出した、と森田は次のような感想をノートに書き留めている。

〈強い子が物にありつき、弱い子がもらいそこなう。子供の世界も弱肉強食だ。

ぼくがここまでやってこれたのは、生存競争のなかで必死になって戦って、一生懸命努力すればいつの日か大きな大きな山に行けるのだ、そんな思いで頑張ってきたからだ。カルカッタの子供たちの姿は、皮肉なことに自分自身の子供のころを思い出させる。

あのころ、戦争が激しくて毎日毎日が空襲。大人たちは防空演習をやっていた。思い出といったら、くる日もくる日も腹を空かせて、ああ、何か食べたいなあ、と考えていたことだけだ。食べ物のことばかりで、戦争の恐怖さえ感じなかったように思う。やがて、ぼくたち親子六人は埼玉県越谷の在にある松伏村というところに疎開した。疎開先は親戚の家の物置で、ここで数年を過ごしたが、夏の夜、蚊帳を吊って寝ていると蚊帳の上に蛇が落ちてきて、こわかったのを覚えている。

やがて親父は畠を借り、自給自足の生活をはじめたが、ぼくが小学校四年の時、おふくろが死んだ。カゼをこじらせただけで、今ならすぐ治るのに、当時は薬という薬もなかったし、田舎だったので医者もおらず、死ななくてもいいのに死んでしまった。

ぼくが母親の愛情というものを味わうことができたのは、物心ついてほんのしばらくの間だけだった。わずかではあっても、あのころは楽しくてしあわせだったように思う。

おふくろが死んでからというもの、みんな変わってしまった。物はなく、食べるものもない。弟との間に思いやりなど生まれる余裕もなく、いつも兄弟でわずかのものを取りっこだった。

インドの子供たちを見て、ぼくはそれを思い出したのだ……〉

昭和二十二年、母親があっけなく病死。長男の勝が十歳、小学校四年。次男は七歳、三男は四歳、そして末っ子の四男がまだ二歳。三年後、父親が再婚。新しい母には二男一女がいた。

新しい母と入れ代わりに、勝は野田の醤油工場に奉公に出る。中学校へ通いつつ住み込みで、という話だ。

次男の清一に聞いてみる。

――亡くなったお母さんというのは？

「ひどくやさしい、おとなしい人だったね。おふくろにしかられたという記憶は全然ないもの。だから、兄貴なんかものほほんと育てられていたんだと思うね。それが急にああいう形になって変わった。おふくろを亡くしたというのがウチの一番の問題だよ。兄貴としては、義務教育が終わるまでは親のそばにいたかったんだろうと思う。

小さい時（兄がそんなことをいうのを聞いて）泣き言をいってるなあと思ったけど、今考えてみると、兄貴にはうんとショックだったんだろうな。新しいおふくろはわりときつかったし……」

――変わったというと？

「ひねくれたことは間違いない。私なんかも、今、穏やかな人間と付き合っていると、やっぱり気の強いところがあるから、育ちが出ちゃうのかなあと自分で反省する時があるもの。何もそんなに怒らなくてもいいものを、もの静かにいえばいいものを、感情を出しちゃうから。何をやってもニコニコしている人を見ると、両親の愛情で育った人間はやっぱり違うところがあるのかなあと、この年になると考えることがあるよ。

兄貴はそういう影響をもっとも強く受けた人間だから、何でも気に食わないとダーッといっちまう。小さい時のことって、年取ってもなかなか直らないと思う」

――それで野田に奉公に出されて……。

「中学校に通いながらということだったけど、卒業はしきらなかったんじゃないかな。途中でどこかへいなくなっちゃったことがあったような気がする。そこ（野田）にいて、つらいにはつらかったんだろうと思うんだけど。ああいう気性だから、自分から出て行って、どこかで何かしたように思う。中学を卒業していないというのは自分でも恥ずかしかったんじゃないかな。それが兄貴の一番の弱点だったんだろうね。義務教育も受けてないなんて、そういう気持ちは人にはいえないだろうな。まして、山の方で少しは名が売れたりするとね。

私が小さい時、オレは義務教育も受けていない、といってたのが本当に印象に残っている。いつも同じことばっかり。何いっているのかなあと思って聞いてたけどね。兄貴が山を登りはじめたころ、親父とケンカするとそのことをよくいっていた。ろくすっぽ学校も行かせないで、どうのこうのと……。兄貴の一番のネックだろうな。何かに焦ったとすれば、それだと思う」

――昔はよかった、と勝氏はいっていたそうだが。

「親父もやさしかったしね。兄貴と私はいつも親父のそばにいたのを今でも覚えている。そうやって親の愛情をうんと受けて育ちながら、急にコロンと変わったから、兄貴は何かうんと強い考えを持ったんだろうね」

――ほかに幼いころの思い出は?

「兄貴が月に一回か何かの休みで野田から越谷まで歩いて帰ってきて、私を連れて紙芝居を見に行った。そしたら、紙芝居の小父さんが随分年寄りだったもので、五円のところを十円払った、なんてことがある。自分だってカネなんかないくせにね。やさしいところがあるんだなあと感じたけど、その印象がすごく強く残っている」

――野田から帰ってきたあとは？

「親父と同じ萬自動車工業という会社に入ってプレス工の仕事をはじめた」

――そのころ、お父さんとは？

「摩擦があった。親父がラジオでニュースを聞いていると、兄貴はジャズを聞きたがってケンカする、といった具合いだ。そんな外国のもの、英語もわからんくせに、と親父はいう。親父は厳格だけれども、兄貴も父親と性格がよく似ているということもあった。兄貴は案外気が強いしね。もっと賢くて冷静にものを考える人間だったら、衝突は避けて、親のいうことを聞こう、そういう気持ちの子もいるけど、そうじゃないから。


親父も大変だった。子供がいて、連れ子がきて、一生懸命残業しても安い給料で、晩酌も好きなようにやれない、ということではね」

――それから家を出る。

「自分で働き出して、三畳だか四畳半だかのアパートを借りた。私も耐えられなくて兄貴のところへよく行ったけれど、黙っていても兄貴はよくわかっていた。親とケンカしてきたんだろうと。オレはしょうがないからこうやって出ているけれど、お前だけは頑張って（親と）仲よくしろなんて、よくいって聞かされたことがある」

――家を出てから山を登りはじめるのだが、その動機は？

「何かひとつに没頭したいという気持ちがあったんだろうね。柔道をやったこともある。あれも親父に文句をいわれていた。ケンカをするために道場へ行くなどと世間でいっていたころだ。

あのころ、登山がはやり出したこともある。ちょうどブームになっていた。兄貴もそれに乗って、カッコいいはやりものをやり出したんじゃないかな。わりあいカッコマンの方だったし……」

――山について何か話したことは？

「山へ行くのに（切符を買う）カネがなくて、駅で（改札口の）向こう側へ降りたら駅員が追っかけてきた。穴のようなところに隠れたら、すぐ頭の上で『今ここにいたのにいないなあ、林のなかにもぐり込んだのかなあ』と声がして、引き返して行った。それで逃げてきたなんて話を一回聞いたことがある。

電車に乗って、座席の下にもぐって寝ていると、上からきれいに包んだおにぎりが落ちてきた。海苔が巻いてあって、食ったらうまかった、と話したこともある。ギリギリの生活をしている時は、何がおいしかった、あれが楽しかったというのは強く印象に残るものなのだろう。裕福に育っていると、そんなことは忘れちゃうけどね。だから、山へ行っても、その辺で一服したり、ポケット・ウイスキーを出して飲んだりするのが楽しかったんじゃないかな。

それから、山で怪我した時、身内が誰もきてくれなかった、とひどく怒ったことがある。兄貴にしてみれば、すごく冷たく感じられたのだろうと思って、悪かったなあと思った。その時、緑の会長の何とかいう人が、ウチにも一回か二回見えたのだが……」

＊

野田の奉公から帰ってきた十六歳の森田は、昭和二十八年、父親がつとめる萬自動車工業に入社、プレスの金型工として修業をはじめる。父親はこの技術ではすでに一流で、会社からも叩き上げの技能を高く評価されていた。その父の下での修業である。

当時、同じ職場にいた坂上作次が語る。

「お父さんともお母さんともあまりしっくりいっていないという印象でした。一徹な性格で、お父さんとろくに口もきかない。一本気というか、人は人、自分は自分、仕事のなかでもそういうことがあった。自分がこうだと思えば、ダメだといわれてもやる、というような性格でした。一人、別な世界に生きている、そんな感じでしたね」

仕事は自動車部品製造のための金型作り。この技術はかなり高度なもので、五年は叩き込まないと一人前にはなれないといわれる。ただし、高度なだけに一度技術を身に付ければその腕一本で食っていける、ともいう。

十六歳の森田の腕は、まずまずの早さで上がっていった。周囲に容易にとけ込まない、職場の仲間とあまり口をきかない、ということはあったが、技能者としては順調な成長ぶりだった。

その森田の調子が、坂上によれば三十年の後半ごろから狂い出す。

「オレは山に登るんだ。一生、山を登って暮らすんだ」

といいはじめたのである。

父親との間に衝突が生まれる。技術が身に付かないうちに、遊びに心を奪われることなど、技能者として叩き上げた彼には我慢がならないのだ。父子の間は悪化したが、息子は大きなリュックサックを買い、靴を買い、家には給料を一銭も入れない。坂上がいうように、彼は父親とは「別の世界」で呼吸をはじめたのだった。

職場には山好きの仲間はいない。山登りをはじめる動機としてもっとも多いのは、学校あるいは職場の仲間の影響のはずなのだが、当時、百人ほどの従業員のなかで、山を登っていた者はいなかった。ここでも彼は「別の世界」に脱出したのである。

坂上がいう。

「何で山に登りはじめたかというと、家庭からの逃避ということもあったろうと思います。お父さんは休みの時は必ず釣りに行っていたが勝君は全然やろうとしない。勝君の弟は連れて行ってもらったりしているが、彼は親と一緒にそういうことをやったことはないですね。そういう家庭のなかで孤独な生活を求めていったというか。職場では必ず誰かが周りにいるし、何か自分の意志でやれることをのぞんでいたんじゃないかという気がするんです。山なら、自分の思うとおりにできるということなんだろうと思います」

職場に仲間はいないし、会社に山仲間が訪ねてきた、などということもない。職場の人々から見れば、ある日突然、彼一人がスルリとわけのわからぬ世界へ抜け出していったようなものだ。

休みが目立ちはじめる。一週間たて続けに休むということもあった。午後五時に自分一人で仕事を切り上げると、そのまま職場に残り、職場の工具を使って山の道具らしいものを作りはじめたりする。

もともと、職場ではあまり話をしない。しゃべるのが下手で、苦手にも見えた。だ

が、誰かが、

「山登りってそんなに面白いのかね」

と水を向けると、にわかにしゃべり出す。

「いいさ。行ってみた者じゃなけりゃあれはわからないね。今にな、オレは日本中の山を全部登ってみせるからな。オレは一生、山に生きるんだ」

二年ほどの間、彼の仕事ぶりを見ていた年長の同僚たちは、少年にそのような激しさがあるとは気づいていなかった。山登りがいかなるものであるか、もとより知るはずはないが、この異様な高揚ぶり、一途なのめり込みの激しさだけは感じとることができる。

「そんなところがあの子にはあったのかね」

周囲はそういい合った。

気ままに休みを取る息子を、父親はしばしば、

「そんなに休むなら辞めてしまえ」

と叱った。そういう状態が二年ほど続き、昭和三十二年、森田はとうとう会社を辞めた。父親のいる家庭と会社の双方から飛び出したのである。

以後、数えきれないほど職場を転々とする彼の、これが第一回の脱走である。いい

かえれば、職業という「実の世界」から抜け出して、山登りという、ひどく無為徒労の世界へさまよい出る、第一歩だった。

それから二年後、彼は緑山岳会を訪ね、寺田に空巣狙い呼ばわりされることになる。

＊

入会してはじめての山行は、七月十二日から二十六日まで、剱岳で行なわれた夏山合宿である。たまたま、ベルニナ山岳会も同じ日に剱岳合宿に入ったので、ふたつのパーティは弥陀ヶ原ホテル前を同時にスタートしたが、この日、ベルニナは剱沢まで達してテントを張ったのに対し、緑は雷鳥沢までしか行けなかった。理由は、新人の森田が動けなくなってしまったからだ。

寺田が回想する。

「どうも遅れがちなので、リーダーの河田克己と私とで彼のようすを見ていたのだが、地獄谷にさしかかったところでアワを吹いてひっくり返ってしまった。この野郎、使いものにならねえな、と感じたのを覚えている。新人といったって、もう二十二で年を食ってるし、その年のわりには山の経験もない。長次郎の雪渓でグリセードの練習をやらせると、臆病なたちとみえて、これもダメだ。口は重いし、みるからにパッとしないのが入ってきたなあ、とみんなで話し合ったものだ」

緑山岳会には、会の仲間同士で使う隠語のようなものがあった「ダメになってしまう」「使いものにならない」というのを「ホキる」という。山で疲れて動けなくなるのも「ホキる」だ。

はじめての合宿で盛大にホキた森田に、以後「ホキ勝」の名がついた。先輩たちは頭ごなしに「おい、ホキ勝」と呼ぶ。なかには、「おい、ホキ」とだけ呼ぶ者もいた。

だが一人だけ、この不名誉なニックネームを用いず「勝よ」と声をかけてくれる先輩がいた。昭和六年、東京・早稲田生まれ、森田より三期先輩の大野栄三郎である。

大野の母は、空襲で逃げまどっている時、息子をかばって自分だけ死んだ。大工だった父親はすぐ再婚するが、これも昭和二十年に死に、義理の母子にとって苦しい日々がはじまる。大野は中学校の先生の好意で夜学の事務手伝いの仕事を与えられ、それでようやく中学を卒業する。高校は東京・新宿の工学院高校に進んだ。山登りをはじめるのはそのころだ。大野が語る。

「義理の母親は自分の食を削って私に食わせてくれる。お花とお茶を教えていたんですが、敗戦直後のことですから、生活は大変だったんですよ。おふくろがそういう苦労をしているのは私にもわかる。かといって、いいよ、オレは食わなくたって、というと、おふくろは自分に力がないために子供にそんなことをいわれる、と泣くんです。だから、私はおふくろが食を削っているのを承知していながら、そんなことは知らないふりして腹いっぱい食わなけりゃならない。これはせつないんですよ。しかも、いくらせつなくたってどこかでグチることはできない。グチる方がゼイタクといえばゼイタクでしょう。

そういう暮らしをしていて、山に行くと自然に気が晴れるというか、外に出せないものを発散できるというか。だからどうしても山に登りたいということになるわけです」

二十七年に高校を出て東通工（ソニーの前進）に入社、中、高校の友人と登り続け、三十一年、緑に入会した。谷川岳の一ノ倉沢に登りたくていつも行くのだが、出合で岩壁を見上げるとどうしても恐怖心が頭をもたげて結局登らずに帰ってくる。そういうことを何度か繰り返した末に、谷川岳を自分の庭のようにしている緑山岳会に入れば登れるだろう、と入会を決心したのだ。

緑山岳会で、大野はたちまち頭角を現わす。いつも物静かで、人の話をニコニコ笑って聞いていることが多いのだが、岩壁に取り付くと凄まじい闘争心を発揮する。義理の母に食を削らせるせつなさから山登りをはじめたこの人物は、一種、形容のしがたい迫力で岩壁を攻略していくのだ。

森田が入会してきた年の二月、大野は谷川岳一ノ倉沢コップ状岩壁に三度の攻撃をかけ、三度目についに第一登を完成させた。寺田甲子男は『山岳サルベージ繁盛記』のなかで、大野の横顔をこう書いている。

〈静かなもの腰の彼のどこにあの大胆、勇壮なる統率力がかくされているのか。コップ正面緑ルートを夏冬初登はんの記録を持ち、一ノ倉の主たるバリエーション・ルートの積雪期登はん十指を数え、冬期の北鎌を単独で登り西穂まで。彼は後輩から尊敬され、またよく面倒を見る、男がほれるくらいだから、女性にモテるのはあたりまえ……〉

森田はこの先輩にすぐなついた。会の事務所にいる時だけでなく、カネがなくなると母一人子一人の大野の家へころげ込んで一週間も十日も居候する。特に、大野の義理の母親をしたって遠慮なしに甘えた。あるいは、早く死んでしまった自分の母親のおもかげを見ていたのかもしれない。

大野はひどく静かな口調で語る。

「森田が会に入ってきた時、家庭の事情でグレかかって、それで山にウサ晴らしに行く、といったふうな印象がありました。もうひとつ、非常に強いコンプレックスをもっていましたね。学歴のことです。

入会したばかりのころは弱かった。剱の合宿でまずバテて、それで一躍有名になったくらいですからね。しかし、私から見ると、要領が悪いな、という感じを受けるんですよ。というのは、はじめにバテそうな奴に目星をつけておいて、そいつに全部おっつけてしまえば、自分が目立たずにすむんです。

おい大丈夫か、どうだ、などと介抱するふりをして自分も一緒に休めばいい。なのに彼は大丈夫です、といってぶっ倒れるまでやってしまった。

これはいわば、世渡りが下手ということですね。何か、そういう勝負弱さというか、見通しの悪さというものがついて回る。それに、意外に先輩に気を使うんですよ。たとえば、稜線か何かに出て休むでしょう。下の方で沢の水音が聞こえる。すると『ぼく、水汲んできます』といって一時間くらいかかって汲んでくる。そんなことをするからバテて動けなくなってしまうんです。

新人だったころ、私と、私より一期後輩の者と森田を連れて谷川岳マチガ沢の東南稜を登りに行ったことがあるんです。森田に、

『きょうはお前がトップで登れ』

といったら大喜びでニコニコしながら登って行きました。ところが、ちょっと癖が

あるというか、見ているとどんどん変な方へ行ってしまう。正常ルートではない、意外に登りにくいところをグイグイ登るんです。要するに、最短距離を行きたがる、というのか。

東南稜というのは誰でも登れるし、悪いところはない。ただ、新人だし変なところに引きずり込まれたくないから、一番やさしい、確実なルートを指示して登らせたんですが、黙っているとそういうルートを登らないんです。世渡りが下手なことと、その癖が印象に残っていますね」

＊

ホキ勝などと呼ばれてうれしいはずがない。そんな名前で呼ばせないためには、他人よりよけいに登って腕を上げるしかない。緑山岳会の新人・森田は猛烈な勢いで山に通いはじめた。

入会した年の三十四年は七月の合宿を含めて四回、十八日間だけだったが、三十五年は一月一日から三日までの富士山を皮切りに、十一月の富士山合宿まで二十回、三十六日。三十六年には三十一回、六十三日に達した。この年の八月には、穂高の屏風岩東稜第二登という困難なルートもこなしている。

合宿はじめ、会の正式山行にはことごとく参加した。仲間の個人山行の話にも首を突っ込んできて、

「オレも行くぞ」

と加わる。そういって加わっては、しばしば「ホキる」のだ。

このころ、森田勝にいいパートナーができる。これも、山へ行く日数と回数ではズバ抜けていた青木敏である。

青木は森田より五歳若く、昭和十七年生まれだが、東京工業高校一年の時、森田より半年早く緑に入会した。父親が水道工事の自営で、彼はまだ高校生。時間があるのにまかせて山に通った。

誰もが毎週山に行けるとは限らない。まともな仕事をしていれば当然のことだ。しかし、森田と青木だけはまるで何かにとりつかれたように登った。この二人ならいつでもコンビを組める。一種の成り行きのようなもので、二人一緒の山行が増えたのだった。

青木がいう。

「彼は一カ月なら一カ月働いて、山にしかカネを注ぎ込まない。いい山があればそれに行くために会社を辞めて、帰ってきたらまた仕事を探すという調子だったから、ほ

かの人のように、会社があるから今度はダメだ、などというのは一切関係なしに行った。今度、どこどこに行こうじゃないかということになると、私の方は暇だったし、高校出たあとも家の仕事だったたからわりあい自由に行けた。そこで二人で行くことが多くなった」

彼はそうやって年に六回も七回も職場をかえた。短期でしか働かないから本採用ではない。臨時工だから、保険もボーナスもない。もちろん、プレス工としていくら経験を積んでも、身分が上がることはなかった。

「一週間ほど休みたいんですが……」

働きはじめて二カ月かそこらの従業員にそんなことをいい出されると、上司はきまって嫌な顔をする。すると森田は、それでもうプイと辞めてしまうのだ。

「オレより若い奴がデカいことというから辞めた」

「オレに学歴がないから、ろくに仕事もできないような連中がオレをバカにする。もう嫌だ」

辞めるたびに、森田は大野にそういってグチをこぼした。

緑山岳会には合宿だけで春、夏、冬と三回ある。一回が十日から二十日間くらい。メンバーは絶えず入れ替わっていて、大体、一人が五日から一週間くらいずつの日数で出入りする。森田はこれに最初から最後まで参加した。これだけで、年に三回は職場を変わらねばならないことになる。

うっ屈の思いを晴らそうと入った山岳会で、たちまちホキ勝の名をつけられ、もうひとつの屈折を背負い込んだ。腰の定まらぬ流れ職人にとって職場が楽しいはずがない。それでまた一層山にのめり込んで行くのだった。

彼は、山の世界で一流になりたかった。一流になりさえすれば、心中深く巣食っていて、彼をひっきりなしに悩ませる思いを克服することができる。彼はそう信じ込んで山へ通いつめた。

彼はそのやり方を他人にも強いた。

後輩が、

「今回は仕事が忙しいんで、六日間のうち三日しか行けません」

という。とたんに森田は怒り出す。

「何だ、それは。熱意がないじゃないか」

「いえ、仕事だから仕方ないんですよ」

「冗談いうな。オレは会社を辞めて行くんだぞ」

「無理いわんで下さいよ」

「無理じゃないよ。仕事が忙しいんなら辞めればいいじゃないか。お前、仕事と山とどっちが大事なんだ」

いわれた方はキョトンとする。山登りはあくまでも遊びのつもりだ。それを、仕事とどっちが大事なのか、と聞かれたらあっけにとられてしまう。だがすぐに、森田が大真面目にそういっているのだとわかると、誰もそれ以上、議論の相手になろうとはしなかった。彼は、ハッタリでも虚勢でもなしに、どちらかを選べといわれたら山をとるつもりでいる。そういう男といくら話をしたところで、双方に了解の成立するはずがなかった。

そうやって山に通いつつ、彼は、

「いつか必ず、オレをホキ勝などといわせないことをやってみせる」

と思いつめていた。

そのチャンスは意外に早くやってきた。

衝立岩正面壁

緑山岳会に入って以来、森田勝はまるで何かに復讐するような勢いで山へ登った。彼は自分自身、

「金型作りにかけてはオレは一流の職人なんだ」

とよくいったが、いかに一流の腕を持っていようと、二カ月かそこらでフッといなくなるような職人に、職場での安定した地位が生まれるはずがない。経営者——多くは従業員数人程度の町工場の——は、彼の腕にカネを払うのであって、その人間を評価しているわけではなかった。

森田は些細なことで自分より若い上司と衝突し、その度に職場を変わった。彼が「もう我慢できない」といい出す理由の多くは「若いくせにオレに命令口調で話す」「オレに学歴のないことをバカにしている」といったたぐいのことである。

一流の渡り職人は、腕さえ売れればそれで満足なのであり、それ以外に、たとえば

職場での尊敬などというものは求めようとはしない。与えられないからといって傷つくこともない。

だが森田は、あまりにもしばしば傷ついた。それはもう、傷ついたと知って自らその傷を深めるような、内に向かっての激しい傷つき方だった。

心の平安を求めるには山へ行くしかない。そして無理をして山へ行けば、町での傷はさらに深まるようだった。

彼は、職場と家庭から脱出するために山へ向かった。ところが、山へ向かえば向かうほど、山を降りたあとの日常生活は不安定となり、日常性そのものさえ失わざるをえなかった。あとは、常に自らを戦闘状態のなかに保つしかない。困難な岩壁に対するたて続けの攻撃、そして絶え間なく変わる職場、そのふたつの戦線で彼は戦い続けた。

傷を傷と意識しなければ、彼は戦う必要はなかったはずである。職場で衝突した時、自らの傷に逆上する代わりに、笑ってすませれば、多少なりとも世間的な安定は求められるにきまっていた。

彼はそれをしなかった。大野はじめ彼の周辺の人々は、彼のそのような世渡り下手を一様に認めていた。自分は何とか世渡りの方法を知っていると思う人々は、森田の下手さかげんを「バカだ」といって笑ったが、大野ら一部の理解者たちは、彼の傷つき方を、一種、純な思い込みとして眺めていた。

「理由もなくバカにされたくない」

という意識からか、彼は服装には結構カネをかけた。パートナーの青木は初対面の時の印象を、

「パチンコ屋の前あたりにでもいそうな遊び人ふうの男」

と語っている。青木にはそんなふうに見られてしまったが、貧しいくせに、彼は精一杯見栄を張っていたのだ。

だから、ほとんど毎週、山へ行くカネには相当の苦労をした。カネがなくても、山にだけは行きたい。山へ行かなければ、生きているかどうかも怪しくなってしまうのだ。

そういう無理算段のあげく、キセルの技術を覚える。たとえば、上野から上越線で土合へ行く時、列車の一番先頭に乗る。土合の駅では寝たふりをしていて、駅を過ぎて一〇〇メートルほどのところにある無人の踏み切りでパッと列車から飛び降りる。あるいは、客席の下に寝ていて、検札の車掌が起こしても絶対に起きない。それはもう徹底していて、信じられない話だが車掌が最後には諦めてしまうのだ。

合宿では、すぐ煙草を切らしてしまう。一週間分なら一週間分、まとめて買うだけのカネがないためである。

そういう彼に仲間が、

「オイ、煙草一本で明日の朝の食事当番を代わらないか」

と声をかける。雪のなかのキャンプでは、朝の食事当番はきつい仕事だ。

「煙草一本くらいでやれるか」

と一度は断わるのだが、一日、二日のうちに、

「オレ、やるよ」

となる。

時には、山行仲間に山行の費用を借金していて、山へ行っている間中、頭が上がらないなどということもあった。相手はカネのことがあるからあれこれと雑用をいいつける。岩場に取り付いて、嫌なところは、

「お前トップで登れ」

とさえいう。いわれて、彼は断わることができなかった。

「オレ、いつもバカばかりみてるみたいだな」

会のなかの理解者たちに、よくそういってこぼした。

パートナーの青木がいう。

「私は彼とは特に気が合うわけではなかったけれども、いつでも一緒に行けるというか、利用可能なパートナーとして、ザイルを組む機会は多かった。自分のバランスに非常に自信を持っていたから、ハーケンをあまり使わない。それがやはり怖かった。トップで登っていて、よーし、さあ登ってこい、というので上がって行ってみると、満足なジッヘルもなくて、自分自身、からくもひっかかっている状態だった、なんてこともあった。


とにかく彼は、山に登ることしか考えなかった。三十六年の四月から五月にかけて北海道の利尻山に行った時のことだ。仙法志稜と南稜、それと東稜はサポートを兼ねて登ったのだが、その時、仙法志稜と南稜パーティのために、東稜からテントを頂上に上げることになった。頂上にテントを張れるところがあるかどうか、地元の人に聞くと、頂上の広さは畳二畳あるかないかで、おまけに祠があるからダメだろうという。


そういう話を聞いていたら、突然、東稜隊の森田が口をはさんだ。

『そうだ、その祠をこわしちゃえばいい。一坪あれば三人用のテントが張れる。頂上に泊まるのは四人なんだから、そうすればやれるじゃないか』

という。当たり前の話だが、地元の人はカンカンになってしまった。山に入ると、山以外のものは目に入らなくなってしまうのだ。あとで、だからお前はホキなんだ、といわれていたけれども……」

*

職場で傷つき、山の仲間に「ホキ勝」といわれ、背中に火のつくような生活をしながら、彼はひとつのことを思いつめている。

「いつか必ず、オレをホキ勝と呼ばせないようなことをしてみせる」

というそのことである。頑張れば、何かが必ずよくなるという向上心だった。

チャンスは、三十六年九月にやってきた。

緑山岳会は年に何度か、谷川岳集中山行をやる。ドクロの旗をひるがえし、ドクロのバッジを胸につけた会員が、時には四十人、五十人と動員されて、たとえば一ノ倉沢に集中するのである。

会長の寺田甲子男は創立三十周年を記念した会報特別号『登攀――三十年の歩み』の巻頭の辞でこんなことを書いている。

〈東京緑山岳会は、ある時期においては、ガラの悪い集団と思われていた。『緑』という名を聞いただけで一歩ゆずる山男も数多くいた時代――これは東京周辺のある山でのことだが――がある。理由についてはいろいろと耳にするが、ドクロのバッジを胸に、ある岩場を吾がもの顔に馳け回ったり、人のいやがる遭難者の遺体、それも極端に難しい場所から目を覆うような遭難遺体を搬出することを喜んでやってのけるサルベージ屋とか、遭難屋の集まりだとか、ナントカ岳のオロシ屋とかいわれて、他から好奇の目で見られたためもあろう。また会員も威勢のいい若者たちが多く、山行も三十名、五十名と集団で山に入るため、とかく他の会の人たちよりガラが悪いように見えたこともあろう。会員数も多く、山へ行く度数も多い。したがって、少人数で山に入る岳人たちからは半ばうらやましく思われ、それがヒガミとなって、ガラが悪いとされたこともあるいはあるかもしれない――とはいうもののふり返って見てどうひいき目で見てもけっしてガラがよかったとはいいきれないことも事実である……〉

そういう特異なグループの存在が、一層誇示されるのが〝集中〟だった。

この年、三月に一ノ倉沢集中をやったのをはじめ、彼らは六月に谷川岳南面集中、七月、一ノ倉沢集中、そして九月に谷川岳全面集中を行なった。森田はこれにいずれも参加して、六月には幕岩Bフェース、七月には一ノ倉沢南稜をそれぞれ登っている。このほか、七月十六日に烏帽子沢奥壁変形チムニー、同二十三日に一ノ倉沢四ルンゼ、七月三十日から八月六日までの穂高岳合宿では北尾根四峰正面壁甲南ルート、滝谷第一尾根、ドーム中央稜を登り、合宿後も引き続き滞在して屏風岩東稜の第二登に成功と、息つぐ間もなく登り続けた。

特に、穂高の合宿ではめざましい活躍をしている。重い荷を背負わせたらすぐホキる、といわれていたのに、この合宿中、人より重い荷を背負ってついに落伍しなかった。

九月二、三の両日の谷川岳全面集中に設定されたルートは、南面のオジカ沢、鷹ノ巣A沢、B沢、東面のマチガ沢、一ノ倉沢三ルンゼ、五ルンゼ、αルンゼ、それに衝立岩正面壁の八本。このうち、森田は青木とともに衝立岩正面壁を割り当てられて狂喜した。このルートは二年前の三十四年八月、南博人、藤芳泰の雲稜パーティによって雲稜ルートが開かれたばかり。第二次RCCの出した『新版日本の岩場――グレードとルート図集』にはこうある。

〈衝立岩正面壁雲稜ルート　5級下　わが国における代表的な人工登攀ルートとして、クライマーの憧れの壁である。初登時からつい最近までわが国でもっともむずかしいものとされていたが、奥鐘山西壁その他、海谷山塊などに於いてこのルートを凌ぐ困難な壁が次々と開拓された現在では、技術的に最高のものではなくなった。しかし、ルートの合理性、ルートの存在する位置、明るさなど、ルートに要求されるすべての要素を備えている。それ故に、日本の岩場のなかでも、もっとも美しく素晴らしいルートのひとつであるという評価は現在も変わっていない。

ルートで注意することは、ピトンのきき具合いといつ剝脱するかもしれない岩を見定めることである……。

さらに、山学同志会の『谷川岳の岩場』には次のように書いている。

〈近年、衝立岩の正面岩壁が人工登攀によってトレースされてから、一の倉沢の岩場は一段とその精彩を加えるにいたった。不可能を可能とする執拗なクライマーの前には、未登の岩壁は存在しないのである。一の倉の関門を威圧している衝立岩は、この岩場を訪れる者たちの憧憬であり、絶好の標的であった。事実、これだけのスケールを持つ岩壁は、他にも比類を見ないのである〉

土合から一ノ倉沢の出合に立つと、まず視界一杯にのしかかってくるのが衝立岩である。正面壁は、埋め込みボルトやアブミを使っての人工登攀が可能になるまで、登攀の対象外とさえされてきた壁だ。

取り付いて二ピッチめで早くも人工登攀がはじまる。すぐ逆層の垂直の壁の上に第一のオーバー・ハングが現われ、その後も人工登攀の連続。アブミはしばしば岩壁から離れて完全な宙吊りとなる。第二ハング、第三ハング、そして最後に洞穴ハングを越えて衝立ノ頭に達する。初登と違って、先行パーティが打ち残していったボルトやハーケンがあるとはいえ、クライマーが最高の技術と闘志、体力を要求される大ルートである。

谷川岳全面集中で、森田はこの正面壁を受け持たされた。クライマーなら、誰もが一度はこのルートに登れるだけの力を身につけたいと考える。森田が正面壁要員に指名されたのは、つまり、会の幹部が彼にこの力ありと認めたということになる。

緑山岳会に入って二年。会での出世は半年早い同期生の青木に先を越された。何よりも、入会して初の合宿でホキ勝の名をつけられたことが大きく響いた。

――しかし、これさえ登れたら……。

森田の、およそパッとしたところのない人生に、ようやく運が向いてきた。

*

二十四歳の森田と十九歳の青木のパーティは、三十六年九月二日、衝立岩正面壁に取り付いた。青木の記憶では、初登以来、まだ十登までは行っていなかったはずだという。二人はトップを交代しながら快調にピッチを重ね、その日は上部の洞穴近くでビバークした。他のルートを登る会の仲間は日帰りで三日に入山するのでまだ岩には取り付いていない。森田、青木という強力なザイル・パーティがはじめて迎えた大登攀の記念すべきビバークだった。

洞穴近くのビバーク・サイトから衝立ノ頭までは二、三ピッチしかない。翌日、難なく登攀を終了し、肩ノ小屋で他ルートを登ってきた仲間と合流した。

森田の歓喜が爆発したのはこの時である。山ではすぐバテるせいかひどく威勢が悪くて、どちらかといえば口数の少ない男が、熱に浮かされたようにしゃべっている。時に支離滅裂にさえなるのだが、繰り返している言葉だけはわかる。

彼は、

「これからはもう、オレのことをホキ勝だなどとはいわせないぞ。オレは衝立正面をやったんだ。誰にもホキ勝とはいわせない。いいか。もういわせないぞ」

不思議なことに、パートナーの青木はこの時のことをあまりよく覚えていない。

——森田という人が新人だったころの印象は？

「何かこう、ナヨナヨしてるっていうか。遊び人みたいでね。体力はなかったし……」

——威勢は？

「全然よくない。町でもです。それが一時期から急に強くなった」

――何かキッカケでもあって？

「別にないですね。私も衝立には四、五回登ってるけど、彼とは夏に一度登っただけなんです」

――その時のことで何か覚えていませんか。

「そうね、あれがひとつの契機になったのかもしれませんね。あの時、私に衝立へ行く相棒がいなくて、それでたまたま彼にきまったような気がしますが……」

――バテたというようなことは？

「なかった。技術的には、とりたててうまくもないし下手でもないしといったところだったけど、体力がガタッと落ちることがあったんです。それがあの時にはなかった」

――ほかには？

「洞穴の近くでビバークして、翌日、雲稜ルートの右側のルートを登っていたよその山岳会の人が事故を起こしたことは覚えています。あとは記憶にないな」

――もうホキ勝とは呼ばせない、と叫んだというのは？

「ああ、そんなことをいったような気もしますね。たしか、肩ノ小屋に会の連中がみんな集まった時、そんなことをいっていたかもしれない。私はその時、肩ノ小屋のなかにいて、みんなは天気がよかったので表に出ていたから、そこでいったんじゃないかな。あとでそんなことをいったと聞いたように思うけど……」

——それを聞いて、どう思いました？

「あのころ、衝立を登ればそのくらいのタンカを切ってもおかしくないんで、別に特に変な感じもしませんでしたよ」

——そのあとは？

「バテなくなりましたね、確かに。やはりひとつの自信がついたんじゃないですか」

——そのころ、クライマーとしてはどういうタイプだったんですか。

「一言でいえば異色でしたよ。たとえば、どこを登りたいという時に、会のリーダーが君の技術ではまだ無理だ、危険が多過ぎるからこういうルートにしろ、ということがある。いわれたら、大体、いうことを聞くわけですが、彼は聞かなかった。何でもかでも行くんだ、というんです。

それから、どこかこう、捨て鉢なところがある。トップで登っていて、自分がニッチもサッチも行かなくなっているのに、ラストに向かって登ってこいという。確保できる体勢でないのにですよ。そういうこわいところがあった。この衝立岩正面壁の時ではない。あれからあとのことです」

この青木とは東京工業高校山岳部の先輩で、緑には一年遅れて入った横田正利は、この時のことをもっとよく覚えている。横田は高校を出て緑山岳会に入り、関東学院大学を卒業。山とスキー用品の会社、石井スポーツに入社して専務となった。のち、石井スポーツ顧問の職につく森田のよき理解者となる人物である。

*

彼は、アルバイトをしていた東京・西大久保の石井スポーツの店の近くの喫茶店で、森田の、

「もうホキ勝とはいわせない」

という台詞を聞いた。彼にしてみれば、ホキ勝などといわれる男が、衝立岩正面壁を登ること自体、意外だったが、それまで、口下手で、しゃべることの苦手だった人物から、そんな激しい言葉を聞いたのはもっと大きな驚きだった。

横田の回想。

「あれで明らかにあの人は変わりました。本当にバリバリやりはじめるようになったのはあれ以来です。それ以前は、ザイルを結んでもセカンド的な人だったのにトップで登るようになった。

要領が悪いというか、正直過ぎるというか、世渡り下手。裏からいえば、子供のような純粋さをいくつになっても持ち続けた人です。

本人は、ホキ勝といわれるのが嫌で嫌でたまらなかったのですね。そういわれても仕方のないところがあったのが、衝立以来ガラリと変わった。技術的には会の第一線になったし、体力的にもまったくバテなくなった。そんなに人が変わるものかと思うんですが、あの人の場合、何か特別なものがあったんじゃないでしょうか。

絶えずより難しいバリエーション・ルートを求めて青木なんかと登っていく。それがひどく純粋に見えるのですよ。悪くいえばまるで子供みたい。生活人としてちょっと不足しているところがあるんじゃないか、と思うくらいの……」

森田の変貌は会の仲間たちも認めた。

——人間は、たった一度の登攀でこうも変わるものか……。

と舌を巻くような思いで、森田の姿を眺めた。彼を変えたのはおそらく、彼自身がいった、

「もうホキ勝とはいわせない」

の一言だったに違いない。彼はその言葉を、少年の日から二十四歳になるまで、表現こそ違え、いいたかったはずなのだ。

少年から青年へと、彼はろくな思いをしていない。母親を早く亡くし、小学校を出るとすぐ奉公である。父親とはことごとに対立し、早い時期に家を飛び出した。あとは、次から次へと変わる職場を渡り歩く日々だ。彼はそういう日々に受けた傷を、まともに傷として受け止めるしか方法を知らなかった。

その果てに、今度は「ホキ勝」である。彼はその名前に二年耐えて、そして、自らの力でその汚名をむしり取ったのだった。

彼は自分の戦いに勝利というものがあることを知った。ただしその勝利は、山登りという、実の生活からはみ出した世界での勝利である。勝利を維持するには、ますます、世間並みの生活から脱落して、ひと握りの人々だけで構成されている「山ヤ」と呼ばれる世界にまぎれ込んで行かなくてはならなかった。

衝立岩から帰ったあと、烏帽子沢奥壁変形チムニー、幕岩Aフェース、北壁、屛風岩中央カンテ・インゼル・ルート、八ヶ岳大同心正面壁とバリエーション・ルートの登攀が続く。その合間には丹沢や鷹取山でトレーニングを重ねた。

これらの登攀は、安定した日常性などというものをけっしてもたらさない。成功や名声は、ごく狭い世界のなかだけに限られている。こうした行動には、えもいわれぬ破滅の匂いがともなう。

日本アルパインガイド協会の専務理事で、長い間、尖鋭クライマーといわれる人と接し、自身もクライマーである堀田弘司がいう。

「大学山岳部の学生と違って、町の山岳会の会員は、すでに実社会に出た大人だから、生活というものが深く根づいていて、ものの考え方もしっかりしている。会社の休みをやりくりして山へ登る以上、当然、真剣でひたむきにならざるをえない。実社会での生活から足を踏み外したように見えるけれども、実際はりっぱな銀行員だったり、ちゃんとした正業というのは持っている。

ところが森田は本当にはみ出していってしまった。山登りには、そういう、迷い込んでしまうというところがある。同じスポーツでも、野球やテニスにはそんなことはないのに……」

三十七年夏の森田の山行歴を見ると、もう実生活どころではない。

六月四日から六日まで、屏風岩東壁青白ハングのルート開拓、七月一日、八ヶ岳、同七、八日、谷川岳全面集中、同十五日から二十一日まで青白ハング・ルート開拓、同二十二日から二十七日まで剱岳池ノ谷合宿、同三十日から八月四日まで黒部別山合宿、丸山東壁、同五、六日、黒部下ノ廊下、同七、八日、奥鐘山西壁偵察、同九日から十五日、青白ハング初登成功、同十六日から二十日まで涸沢合宿、前穂東壁D

フェース、滝谷ドーム正面壁、同第四尾根……。

青白ハングの初登はじめいずれも困難なバリエーション・ルートである。このスケジュールは、要するに入れ代わり立ち代わり山にやってくる仲間の山行にすべて付き合った結果なのだ。

これは、山恋などという生やさしい段階をとっくに通り越して、もはや異常である。前年、衝立で勝利というものを知った男は、この年、恐ろしいくらいの勢いで山にのめり込んでしまったのだ。山から降りたあと、帰るべき実の生活はすでにないも同然である。ならば、留まれるだけ山に留まるしかなかった。

緑の仲間たちは、クライマーとして彼の進歩を認めたが、実の生活からはみ出した部分までをすべてが認めたわけではなかった。

丸山東壁を登った帰り、パーティの若い後輩たちは、

「どうせここまできたのだから、黒四ダムを見て帰ろうや」

といい出した。リーダーの森田は断然反対する。

「ダメだ。今は会としての合宿中なんだから、日数があるのなら、そんな観光なんかじゃなくって、もう一本（ルートを）登ることにする」

これでリーダー一人が完全に孤立した。あわやケンカになりかけたが、その寸前で

森田をのぞく他の会員が帰京してことなきをえた。

東京に帰ったあと森田は、会のリーダー会に〝反乱〟した会員二人を除名せよ、と申し入れる。リーダー会で調べたところ、若い会員の方にもいい分はあった。

「丸山東壁はそもそも二日くらいの予定で、壁のなかでビバークしたんだし、時間が余ったといっても中途半端なんです。どう無理したってもう一本登るわけにはいかなかった」

森田も反論する。

「途中まで登るだけだっていいじゃないか。この次にきた時に残りを登ればいいんだから……」

リーダー会の結論は処分せずと決定。森田のいい分はしりぞけられた。山に登りにきたんだから最後まで登るべきだ、という森田の主張は、

「まあ、若い連中なんだし、そこまでやるのはどだい無理じゃないか」

という実の世界の丸い意見に勝てなかったのである。

仲間たちとこんな話になったことがある。名を知られたクライマーが、転落したクライマーを支えているうちに腹を締められて自分も死んだ。こういう場合、オレたちはどうするだろうか。

「その時になってみないとなあ」

「なかなかザイルを切ったりはできないんじゃないかねえ」

「しかし、切らなけりゃ自分も死ななけりゃならんしなあ」

ただの世間話で、何も本音を語り合おうなどという思いつめた雰囲気ではない。

そこへ森田が顔を出す。

「オレはザイルを切るよ。引きずり込まれるのは嫌だからな。だから、いつもポケットにナイフをしまってあるんだ」

居合わせた者は、みな嫌な顔をして横を向いてしまう。

誰も、この発言者がきわめて正直な人物であり、本音しか語れない男であることを知っている。

——しかし、何もそうあけすけにいうことはないじゃないか。

——いつまでたってもバカだねえ……。

とソッポを向くのである。

森田と山の間には、夾雑物というものは一切ない。世渡りのチエもなければ、他人の前ではたとえ建前でも友情について語らねばならない、といったおもんぱかりもない。

彼は常に本音を語ることしか知らない。彼は何が何でも山に登らねばならないのであり、山に登るには死ぬわけにはいかない。彼の関心のなかにあるのはそれだけである。

人々はそんな彼の口の利き方に、

——こいつ、相変わらずホキだな、

とあらためて思うか、あるいは、

——まあ、それだけ純粋ということなのだろう、

と理解するか、のどちらかだった。後者が少数派であることはいうまでもない。

＊

屏風岩東壁青白ハングの登攀は苛烈をきわめた。青木は会報にこう書いている。

〈二人やっと立てるテラスに水を八リットル、食料三日分、スポーツ店を開けるくらいの登攀用具やビバーク用具が集結し、身動きもできない。『さあ行こう』と森田が体に一杯ハーケンやボルトを付けて七月に打ったボルトにアブミをかけ変えながら、ユラリユラリと青白ハングを登ってゆく。

七月の最終高度地点にやっと森田が着いたと思ったら、今度は山ほどの荷物を上げ

ねばならぬ。荷上げザイルによって登ってゆく荷物を下から見ると、まるでクレーンで上げているような気持だ。

やっとの思いで荷物を上げると今度は自分の登る番だ。トップの森田に合図をして、一段、一段とハングに近づいてゆく。眼下の一ルンゼがF1まで何も妨げるものなく見渡せる。素晴しい高度感である。青白ハングを越えて森田に近づくと、彼はアブミに乗ったままでジッヘルをしており、彼のまわりには膨大な荷物が集結している。

仕方なく四本横に連打してあるボルトの右側に、さらにハーケンを一本打ち込んでやっとブランコの上に落ちつく。ちょうど五時半である。

この上の第二ハングは大きいところで四メートル、小さいところで二メートルはある。二人でどこを突破しようかと検討したが、いずれにしろ陽のあるうちにハングを越えることは不可能なので、このブランコに乗ったまま第一夜を迎えることにする。二人で体を寄せ合うようにしてツェルトをかぶる。けれど、どうにも落ちつけずウツラウツラと夜を明かす……〉

二日目も森田がトップで行動を開始する。完全にヒサシ状になっている第二ハングの出口で、森田がもろい岩に苦闘している時、突然、一ルンゼ上部扇状の要のあたりに砂煙が立った。このルートには、三パーティが取り付いている。あっという間に一ルンゼは砂煙に覆われ、そのなかから悲鳴が起こった。

眼下の一ルンゼは、地獄である。岩雪崩がようやくおさまった時、先頭のパーティは全滅、二番目のパーティはラストが倒れたまま。最後のパーティは一人が重傷を負ったらしい。

下からは、森田、青木のパーティに救援を求める声が聞こえるのだが、ここまできてしまった彼らは、もう登るしかない。眼下に地獄を見ながら、二人はアブミからアブミへと渡る登攀を続行し、一日がかりで第二ハングを乗り越した。この夜もビバーク。翌日の正午過ぎ、ようやく東壁終了点に出た。

青木が書く。

〈森田と堅い握手をするが、なぜか感激が湧いてこなかった。あんなに登りたかった東壁の青白ハングに新しいルートを拓いたという感激がどういうものか素直に起きてはこなかった……。

あの大事故を目撃しながら、直接救援に協力できなかったという気持がいつまでも黒く尾を引いて、ぼくたちから重い気持を拭いさることができなかった……〉

三十七年夏、その山行の記録を見る限り、森田はまったく町で働いていない。そして夏の終わり、眼下に地獄を見て屏風岩を登り終わった。山行回数は三十六年が三十

一回六十三日、三十七年が二十七回七十八日。

＊

三十七年の終わりから三十八年一月にかけて、森田と青木は劔岳小窓尾根からチンネ正面成城ルートを登り、早月尾根を降りるという計画に取り組んだ。十二月二十三日入山、一月八日下山というこの山行で、森田はまた仕事を棒に振ったはずである。暮れの二十三日から休んでしまう男を町工場が雇っておくはずはないからだ。

十二月二十三日、馬場島に入り、秋に荷上げした荷物の点検。

同二十四日、雪のなかを深いラッセルに悩みつつ小窓尾根の三のガリー出合まで。二人とも体力を消耗し、到着は昼過ぎだったが、ここにテントを張る。

同二十五日、晴れたがラッセルは胸まで。荷物をふたつに分け、ラッセル、荷物運びの繰り返し。いったん小窓尾根に出て荷物をデポ、再び三のガリー出合のテントまで往復し、テント撤収、荷上げ。小窓尾根にテント設営。

同二十六日、一八〇〇メートルピーク下まで登ってテント。

同二十七日、快晴。ドームの頭にテント設営、前夜のテント場まで往復して荷上げ。積雪期の二人パーティはラッセルと荷上げが苦しい。横田を加えた三人パーティの計画だったのが、横田の家事の都合で二人だけになってしまったのだ。

同二十八日、この日もよく晴れる。三ノ窓まで登り、往復して荷上げ。

同二十九日、五日間続けての晴れ。中央チムニーから成城ルートを登り、午後三時、チンネの頭に達する。同四時、テントに帰着。

同三十日、夜半から猛吹雪。三十一日、一月一日とテントから動けず。ラジオによると富山県地方に風雪注意報が出、一日には大雪注意報に変わった。極限状況がはじまる。

同二日、吹雪は多少激しさを減じたので出発することにしたが、テントの支柱が凍ってしまって外れなくなっている。時間をかけて試みたがどうにもならず、支柱が外れぬまま、テントを丸めて背負うことにする。天候は再び悪化、池ノ谷乗越から池ノ谷尾根ノ頭に二時間かけてたどりついたが、そこでテント設営。

同三日、天候回復の見込みがないが、食糧、燃料が心細くなっているため出発。テントは丸めて引きずったが背の高さまで埋まるラッセルにまるで進めず、一〇〇メートほど離れたところでまた停止。テントはたちまち雪のなかに埋まる。

同四日、風雪で停滞。

同五日、風は強いが雪はやんでいる。テントの支柱を棄て、登攀用具その他不要なものも捨てて出発。早月尾根に入り、カニのハサミの手前でひどい突風に襲われる。ツェルトをかぶって避難したが、そのツェルトも飛ばされた。

カニのハサミを下ったところで、早月尾根を登ってきた会の仲間に会う。下山がもう一日遅れたら東京に遭難の恐れありの連絡を入れるつもりだったという。

青木がいう。

「チンネを登った時は天気がよかった。成城ルートの冬の第二登だから気をよくして、翌日も天気がよかったら池ノ谷の中央壁もやっつけようと話し合った。あれは未登だからぜひやろうといったのだが、その日の夜から前線が張り出してものすごい天気になってしまった。三ノ窓のテントなんか、雪に押されて両側がくっついてしまうほどで、たたもうにもたためない。

背負うとバランスがくずれるので仕方ないので吹雪のなかを引っ張って歩く。そうすると森田は、

『もうテントは捨てちまおう』

といい出した。

『いや、何としても長次郎ノ頭くらいまではテントを持って行かないと、何日かかるかわからないし危ない』

いっても聞かない。それでも、結果的には長次郎ノ頭まで持っていった。ツェルトだけではとてももたなかったろう。

何しろ吹雪とラッセルがひどい。池ノ谷乗越のところでは、張り出した大雪庇に大穴をぶち抜いてもわからない。本当の手探りで長次郎ノ頭へ行って、そこでテントを放棄した。

そういう極限状況では、森田はわりあいと捨て鉢になったのを覚えている。本能的に我が身をかばうのだが、もうどうなってもいいといった感じだった」

＊

森田勝が衝立岩正面壁を登って、

「もうホキ勝とは呼ばせない」

と宣言し、その宣言通り、青木と組んだ夏、冬の大登攀で大きな記録を残したあとの三十八年三月、緑山岳会は積雪期一ノ倉沢登攀合宿を組んだ。「谷川岳の緑」は、これまで何度も積雪期一ノ倉集中を狙っていたが、天気のようすを見て満を持して決行する、といった悠長なことはできなかった。行けるのは日曜をはさんだ二日か三日だけ、という社会人の制約があるからだ。

そうした敗退の年を重ねたあと、今年こそは、と組まれたのがこの合宿だった。狙うのは、衝立岩正面壁、烏帽子沢奥壁中央カンテ、中央稜、北稜の四ルート。登攀パーティ八人のほか十八人のサポート隊も動員された。

森田はこの時、緑に在会中ただ一度だけ、

「仕事の都合で参加できない」

と山行を断わった。

これがヘタな嘘であることは誰もが知っている。何しろ、同僚や後輩に押しつけがましく、

「仕事で行けないというのは真面目にやっていないからだ。仕事の方を山に合わせろ」

といい続けた男である。突如として仕事を持ち出したのは、ただの口実でしかなかった。

彼は、当時、まだあまり登られておらず、処女性の残る衝立岩に登りたかったのだった。一年半前、肩ノ小屋で〝勝利宣言〟をしたこの岩壁に積雪期も登って、自分の登攀を完成したいと強く願ったのである。

だが、リーダー会で発表されたメンバーを見ると、衝立岩を登るのは、自分と常に

ザイル・パートナーを組んでいた青木と、彼より三年先輩のチーフ・リーダー、山崎保の二人だった。

　森田が割り当てられたルートは確か中央稜ではなかったか、と当時の会員はいう。この発表を聞いたとたん、彼の顔色が変わった。青木と彼は同期である。リーダーへの出世は彼に先を越されたが、登攀の記録ではすでに追いついたと思っている。何よりも、このところ、よきザイル・パートナーだった相手だ。その青木がチーフ・リーダーと組み、自分は衝立岩登攀メンバーから外された。彼は仕事の都合などという、ひどく見えすいた嘘を持ち出して山行を断った。

——ホキの奴、ふてくされてやがるな。

　青木らは一様にそう考えた。

　三月二十一日、緑のパーティは土合山ノ家に勢揃いし、一ノ倉沢に入っていった。快晴である。中央稜、北稜パーティはその日のうちに稜線に達し、衝立岩正面壁パーティは一夜のビバークで二十二日に登攀完了。二十二日に取り付いた中央カンテ・パーティも二十三日午前十時十五分、一ノ倉岳の頂上に立った。四ルート全部が完全な成功である。参加者全員が昼過ぎには土合山ノ家に帰ってきた。

「やった、やった」

「早いところ湯檜曽温泉へ繰り込んでドンチャン騒ぎをやろうぜ」

と浮き浮きしている。この時、東京で見た森田のふくれっ面を思い出す者など一人もいなかった。

メンバー発表を見た時、第一線の会員たちはこんなことを考えている。

――行けば登れると彼は思っていたにちがいない。確かにそれだけの力はある。

――それでも会の幹部はまだ信用しちゃいないんだな。まあ、それも仕方ないだろう……。

しかし、土合山ノ家でドンチャン騒ぎの相談にかかったころは、森田のことなど誰もが忘れていた。

会員たちが湯檜曽温泉へ向かって腰を浮かしかけた二十三日午後二時過ぎ、一ノ倉沢に入っていた明電舎山岳部パーティの一人が、

「パートナーが一ノ倉尾根から幽ノ沢に転落した」

と救援を求めてきた。緑のメンバーのうち十人が幽ノ沢出合へ急ぎ、半数が捜索、半数がテント設営に当たる。捜索は二俣上部まで行なわれたが、日没と深い霧のため六時半、遭難者を発見できぬまま打ち切られた。

翌二十四日は午前一時起床で捜索続行。同五時過ぎ、明電舎の捜索隊十二人が到着。

雪が降りはじめ、雪崩の危険もあるため、同七時、捜索を断念。緑のメンバーは下山を開始した。

それから間もなく、一ノ倉沢にいた日本登攀クラブの会員から、

「緑の人が転落しました」

という連絡が入る。

「おかしいな。誰かいなくなった奴でもいるのか」

「いないよ。顔はみんな揃っているぜ」

「じゃ誰なんだ、落ちたってのは」

「知らねえな。そりゃ本当にウチの会員か」

「しかし、ほっとくわけにもいかないだろう」

チーフ・リーダーの山崎や青木は顔を見合わせた。まったく心当たりがない。

帰りかけていた会員たちは、ザイル、登攀用具を用意して事故が起きたという烏帽子沢スラブに向かって、今きた道を引き返す。

途中で、遭難者を背負って下ってくる日本登攀クラブ会員に出会う。緑の会員たちから声が上がった。

「何だ、あれは森田じゃないか」

「そうだ、ホキ勝だ」

会員は、頭から血を流している森田を取り囲んだ。

「一体これはどういうことなんだ」

森田は小さな声で答える。

「実は……」

「どうしたんだよ」

「衝立を単独で登ろうと思って……」

「何?」

「そう思って……」

「で、どこまで行ったんだ」

「烏帽子のスラブで……」

「取付まで行く前に落ちたのか」

「そうだ。薄い氷が張って、アイゼンはいてなかったものだから、三〇〇メートルくらい落っこっちゃって……」

「三〇〇メートルもか」

「ああ、下が雪だったんでね。みんなに悪いな。悪いことしたよ」

山崎と青木は、森田を天神尾根のロープウェイ駅前から車に乗せ、水上町の病院へ運んだ。その車のなかでこっぴどくしかりつける。

彼がなぜ衝立岩を単独で登ろうとしたかは、彼が「会社の都合で……」と断わったのが真っ赤な嘘とわかった以上にはっきりわかっている。

「会のきまりとして一応きまった以上、なぜ一人でくるんだよ。落ちなけりゃまだいいが、こうやって落ちればみんなに迷惑かけるじゃないか。そのくらいわからんのか」

「まったく腹の立つことをする野郎だ」

森田は車のなかでついに泣き出した。一言の申し開きのしようもない。

泣く姿を見ながら、青木は怒りが次第に引いて行くのを感じはじめていた。

――彼なら衝立を登れていただろう。岩を登ることにかけちゃあ職人芸の男だからな。オレなら彼は大丈夫だとわかっている。しかし、会のえらい人は一緒に山へ行っているわけではないから、まだまだホキ勝というのが忘れられないんだ。

――考えてみれば、子供みたいなことをする男だが、彼に悪気というのはまったくない。腹の立つようなことばかりするけれども、どうしようもなく人のいい男なんだ。いまだにホキ勝と見られているのが、よくよく口惜しかったんだろうなあ。彼には、そのくやしさというのがおさえられないようにできているんだ……。」

怪我は頭を四針縫った裂傷と、軽い打撲だけですんだ。医師は帰宅していいといったが、彼は、

「オレの下宿より居心地がいいから、一晩だけ泊まっていきたい」

といい出し、はじめてニヤリと笑う。青木はまた、

「この野郎」

と腹が立ちかけたが、いう通りにさせた。

*

本来なら、統制違反のかどで退会処分になっても仕方のないところだったが、森田の首はつながった。

青木のいう「何ともいいようのない悪気のなさ」が、このころ、会の幹部たちの心をとらえはじめていたからである。

さらにもうひとつ、この山に登りたいとひとたび思い立つと、どうにも登らずにはいられない少年のようなひたむきさ、そのために、それ以外のことは一切見えなくなってしまう純な一途さに、ちょっとかなわないといった気分も生まれかけていたの

だった。

彼はそれから六年後の四十四年一月、つまり緑を退会して、いつもザイルを結ぶパートナーを失ったあと、八日間かけて衝立岩正面壁を単独で登ろうとして敗退している。六年たって、いぜんとして彼はこの岩壁に対するこだわりを捨てきれずにいたことがわかる。のちにして思えば、このこだわりは森田勝という人物において、きわめて運命的なことだった——。

アコンカグア

昭和三十九年冬、創立二十五周年を迎えた東京緑山岳会は、記念行事として破天荒としかいいようのない山行を計画した。

この計画が決定するまでにはさまざまなプランが提出されている。得意の谷川岳集中にはじまって、知床半島全山、日高山脈全山、南、及び北アルプス全山縦走などである。話は次第に北アルプスにしぼられてきたが、北ア全山縦走はすでに大学山岳部などで試みられている。そこで、日本海側から白馬、鹿島、槍、穂高への縦走、あるいは白馬から三俣蓮華を起点として槍、穂高を回り剱岳に向かう案が検討された。

しかし、雪の尾根を重い荷を背負い、テントを延ばして行くだけでは大学山岳部の伝統のパターンと変わりはない。大学山岳部のタテ割りの人間関係とは違う。一種の同志的団結——ガラの悪さで悪評をとったとはいえ——と、会員一人一人の勝手な野心に支えられ、尖鋭的岩壁クライミングをやってきた緑のイメージにはどうもそぐわなかった。

討論が重ねられるうちに、大変なアイデアが持ち出される。組織的な大学山岳部でもなかなか困難な大縦走に、町の山岳会らしいバリエーション・ルート、すなわち、屏風岩、鹿島槍北壁、剱岳チンネの、日本版〝アルプスの三つの壁〟を加えよう、というのである。このアイデアは会議に出席した全員が気に入って話はようやくきまった。

三人寄れば山岳会、などといわれ、町には少人数の山岳会が割拠しているが、緑だけは大世帯を誇っている。

「新会員を一人連れてくれば一カ月分の会費をただにしてやる」

といった拡張策が実を結んだものだが、縦走コースの要所要所にサポートを必要とするこの計画は、確かに百人近い会員をかかえる緑でなければ到底不可能なものだった。

さらに重要なことがある。一度山に入ったら、いつ降りてくることができるかわからないような縦走メンバー、いいかえれば、いくらでも山に入っていられるようなメンバー、がいなければならない、ということだ。

緑には、まちがいなくそういう男がいた。父親の水道工事の自営業を手助けしていて、今までも自由の利いた青木敏と、もう一人、山へ行くためにはためらうことなく仕事を放り出してしまう男、森田勝である。この二人がいなければ、計画そのものが事実上、ないに等しかった。

ホキ勝は、入会以来の山への献身——それはとりもなおさず、実の生活の放棄なのだが——によって、ついに記念山行の縦走メンバーという名誉を得ることになった。

計画はでき上がった。青木、森田にサポート隊を加えた本隊は、二月十五日、上高地に入り、屏風岩東壁青白ハングに青木、森田自身が開いた緑ルートを登攀してまず第一の壁を落とす。その後、北尾根、前穂高、奥穂、北穂をへて槍ヶ岳、西鎌尾根を下り三俣蓮華、野口五郎、烏帽子、船窪、針ノ木、爺、鹿島槍を縦走、北峰から天狗尾根を下り、天狗ノ鼻から鹿島槍北壁正面リッジを登攀して第二の壁を落とす。途中、縦走本隊に立田実がチーフ・リーダーとして加わる。

南峰から牛首尾根を下り、十字峡で黒部川を渡り、ガンドウ尾根、仙人山、池ノ平山、小窓、三ノ窓からチンネ正面岩壁を登攀する。

これで三つの壁を完成するのだが、計画はさらに延々と続く。このあと劔、立山、薬師、黒部五郎をへて槍に戻り、東鎌尾根を下って大天井、燕を縦走、中房温泉に下山する。この予定が四月二十一日。したがって、縦走メンバーは、コースの途中でサポート隊の補給を受けつつ六十五日間、雪の山に入りっぱなしということになる。

作業は三十八年秋からはじまった。横尾、北穂小屋、槍岳山荘、烏帽子小屋、針ノ木小屋、冷池山荘、池ノ平小屋、剱御前小屋、太郎平小屋に荷上げをするほか、十字峡を泳いで渡って二本のワイヤーを張った。

サポート隊は横尾—北尾根最低コル、槍沢—槍、ブナタテ尾根—烏帽子、蓮華岳東尾根—針ノ木、天狗尾根—天狗ノ鼻、弥陀ヶ原—別山乗越—剱の六パーティ、のべ二十九人と決定した。

会報にはこうある。

〈個人の休暇のまちまちな社会人山岳会のため本隊に入る人員、本隊の行動にしたがって入山するサポート隊の人員の決定ができず、一時は計画の削減も会の内部で出たが、参加者の意見により、最悪の場合はノンサポートでも決行するということを参加者の過去の体力、技術などから決定した〉

ここでいう参加者とはチーフ・リーダー立田実、サブ・リーダー青木敏、及び森田勝の縦走本隊の三人である。この三人の力は、当時の会員たちのなかでは群を抜いていた。前年、衝立岩正面壁単独を狙うという統制違反をやって、遭難騒ぎを起こした森田にしても、この時は一流の技術、体力で会のなかでは抜きん出た存在だった。

「都合が悪いの何のというのならもういいよ。オレたちだけでやる。サポートの世話にはならないから、とにかくやろうじゃないか」

会報に書いてあるいきさつとは、つまりそういうことだ。

緑山岳会の結束の固さを「閉鎖的だ」とさえいう人もいる。そういう結束の固さのなかに、実は、

「他人の世話にはならねえよ」

という、傲慢なまでの確信を持った一人一人の男たちがいたのである。彼らは、会長が親分、会員が子分という関係にあって、仲間同士のしめしやきまりには一応の敬意を払うが、行動する時はおのれの力だけを信じる。組織や体制への順応がまずあるわけではない。会への忠誠よりも、おのれの目的の遂行、おのれの満足のために行動するのである。山へ登る前、登ったあとの、彼らのいう〝お祭り〟のドンチャン騒ぎは大いに楽しむが、あとは自分一人の行動しかない。そういう男にとって、会とは、いわば国際空港の通過客待合室（トランジット・ルーム）のようなものだった。立田も青木も森田も、そこにちょっと腰かけている、トランジットの客だった。

「三つの壁と三角縦走」という、とてつもない大山行は、昭和三十九年二月十六日、はじまった。東京オリンピックの年だったが、彼らの関心のなかにオリンピックはな

い。森田は例によって、無職の身となっていた。無職渡世ではあっても、明日の身を思いわずらうことはない。山のなかにいれば、遭難しない限り、細々とではあっても明日の食べ物にはありつけるのである。

二月二十三日、青木と森田は屏風岩東壁青白ハング・ルートに取り付く。一晩ビバークのあと、森田がトップでハングを越し、再びビバーク。翌日、東壁終了点に達し、最低コルのサポート隊テントに入る。第一の壁は突破したが、これから長い縦走がはじまった。同時に、二人の間でケンカがはじまる。

まず、森田が煙草を切らした。大体、彼は十分間に合う量の煙草を持ってきたことがない。山にさあ行こうというその時、煙草をまとめて買うだけのカネがない、ということがひとつある。

それとは別に、毎度のことなのに煙草まで気が回らないという妙な癖がある。

今度も、彼はたちまちにして煙草を切らしてしまった。うまそうに一服つける青木をじっとみつめている。

「どうしたの。吸わないの」

と青木。

「ああ、なくなっちまった」

「またか」

「一本くれよ」

「嫌だね。オレだって十分あるわけじゃあない」

「いいじゃないか、一本くらい」

「なくなるのはわかっているんだから、ちゃんと持ってくればいいじゃないか」

「そりゃそうだけどよ」

「荷上げしてなかったの」

「うん、ない」

「一本千何百円とかいう、大層な栄養剤だがドリンク剤はちゃんと荷上げしてあるのに、かんじんの煙草がないとはね」

「いいから一本くれよ。いや、今吸ってるその残りでもいいからさ」

「嫌だね。きりがないもの」

森田は押し黙ってしまう。青木には彼がふてくされているのがよくわかる。青木にしてみれば、自分用に高いドリンク剤を買っていたくらいだから、煙草用のカネがないはずはないと思う。そういう彼に、自分の煙草を吸われるのはご免だ、と気が高ぶる。

そんなことから小競り合いがはじまるのだが、二度までは拒否できても、三度目は、目を光らせてじっと見つめている森田の視線にたまりかねて、

「これっきりだよ、あとはダメだよ」

と一本渡す。とたんに森田は無邪気に喜んでしまうのだ。

三月一日、ついに青木の煙草もなくなった。二人とも、奥穂の小屋へ必死に飛ばす。小屋に行けば、正月にきた登山者が残していった吸いがらが手に入ると考えたからだ。

冬期小屋は雪のなかに埋まっている。どこから掘り出すかでまたいい合いになる。やっと掘り出し、濡れた吸いがらをコッフェルのフタにのせ、乾かして吸った。

三月三日、北穂頂上。ここでも小屋は完全に雪の下になっている。青木は記憶のなかにある地形を考え、夏の滝谷を見下ろすテラスの位置から、

「小屋の入り口はこの下にある」

と割り出した。森田は、

「いや、そんなはずはない」

とムキになっていう。

青木は、冬の穂高は自分の方が数多くきているから、まちがいないと思っている。森田は森田で、五つ年下の青木より、こういうことの経験やカンはすぐれていると考

える。しばらくいい合ううちに子供のケンカのような状態となり、青木は黙って雪を掘りはじめた。森田はソッポを向いたまま。

やがて、小屋の入り口が現われた。

「オッ、出たな」

森田はにわかに元気づき、凄い勢いで掘りはじめる。ケンカはそれで終わりだ。

「一緒にいると腹の立つことばかりだが、徹底的に嫌な奴だということにはどういうわけかならない。芯というか底というか、とにかくどこかに、すばらしい人のよさがあるせいなのかもしれないが、それがどういうよさかというと、これまたわからなくなってしまう」

と青木はいっている。

三月六日、槍ノ肩の小屋でサポート隊と一緒に登ってきた立田と合流。この日からは、それまで一対一のマッチ・プレーでやっていたケンカが、三人がかりのリーグ戦となる。

立田は緑山岳会のなかでは単独行を好んだことで特異な存在である。谷川岳の多くのバリエーション・ルートを単独登攀しているほか、冬の知床にたった一人で入ったこともある。ザイル・パーティを組んで登るよりも、ただ一人で困難と戦うことを好んだ。単独行者には、どう見ても協調性があるとはいえない。むしろ、人と調子を合わせるのが生来嫌いだから、苦しい単独行を好むのだ。

青木にしろ、森田にしろ、人に調子を合わせ、自らを抑えるのはきわめて苦手としている。

この三人が集まって、ケンカのリーグ戦をやりはじめた。

たとえば、テント場を出発する時に森田がいう。

「立田さん、朝飯をオレより一杯よけいに食ったんだから、きょうはオレたちより一回よけいにラッセルやって下さいよ」

別の人間がこの台詞をいったのなら、甘えか冗談ですんでしまうのだが、立田と青木は、森田という人物が、いかなる時であろうと本音を正直にいう男だと知っている。だから、

「この野郎、本気でそんなことを考えてやがるのか」

ということになってしまう。

ケンカのタネはいたるところにある。そこに相手がいるというだけで、もう我慢がならなくなるのだ。

冬の山での生活が快適であるはずがない。生活環境は極度に悪化するし、吹雪、寒

さ、深雪のラッセル、先行きの不安感で身心ともに衰弱する。そんな冬山に自ら迷い込もうという人間は、心のどこかに穴があいているせいだろう。あるいは、冬山を歩いているうちに、心の底に穴があいてしまうのかもしれない。

船窪岳の下りと、蓮華と針ノ木の間で二度ルートを間違える。正しいルートに戻るために、下ったルートをまた元へ登り返さねばならない。これも十分ケンカのキッカケになる。

ついに三人は、バラバラに歩きはじめた。朝、テントを撤収する時は一緒だが、あとは思い思いに歩く。一言も言葉を交わさない。三人は、それぞれが自分のなかに閉じこもって歩いた。その間、くる日もくる日も風雪の連続である。三人とも、心の底が抜けていた。

三月二十七日、天狗ノ鼻から立田がサポート隊とともに下山する。また二人になった。

三月二十九日、鹿島槍北壁正面リッジの岩壁途中でビバーク。翌日、登攀に成功し、牛首山とのコルに雪洞を掘る。

四月二日、牛首尾根を下り、タル沢へ。途中、極度に悪い四〇メートルのトラバース。二人とも、無我夢中でこれを突破したあと、どちらからともなく、異状に気づく。

「何かおかしいぞ」

と森田。

「変だな」

と青木。ちょっと間を置いて青木が叫んだ。

「ないよ。アイゼンが。一体、どうしたんだ」

森田が足もとを見ると、はいていたはずのアイゼンが片方なくなっている。

三月五日、南岳を登っている時、森田のアイゼンは連結部が折れたため、針金を使って補修していた。そのアイゼンが、息をしてもバランスが崩れそうな悪場のトラバース中に落ちてしまったのだ。

森田は、いつ、どうして落ちたのか、まったく気がつかなかった。

青木が回想する。

「次にサポート隊と出会うのは劔岳の予定だった。それまで、牛首尾根を下り、十字峡で黒部川を越え、ガンドウ尾根、仙人、池ノ平、小窓というルートをアイゼンなしに登るのは確かに無理だった。しかしそれだけではない。二人ともひどく疲れていたし、天候がまったくよくなかった。サポート隊も、あまり頼りにならない感じだ。仕方がない、やめるか、と森田と話し合ってきめた」

三日、牛首山へ向かって登り出すが、二人とも疲れきって一向に進まずビバーク。翌日も雨中、同じところにビバーク。八日、敗残兵同然の姿でようやく下山――。

この山行が終わったあと、緑の会員たちはこんなことをいい合った、とそのうちの一人がいう。

「あいつら、またやったらしいな」

「ケンカだろ。我の突っ張った奴らばかりだものなあ。やらない方がおかしいよ」

「バラバラになって歩いたそうじゃないか」

「目に見えるようだな」

「それでどうして途中でやめたのかね」

「森田がさ、アイゼンを落っことしちまったんだとよ。アイゼンなしじゃ登れないものなあ」

「あいつ、またやってくれたか」

「やっぱりホキ勝なんだよ。バカだねえ、あいつ……」

森田がアイゼンを落とさなかったとしても、本隊、サポート隊を含めてもはや計画続行は不可能の状態にあった。だが、五年前の夏の剱岳合宿第一日に、緑パーティがベルニナに先を越された原因が森田一人に負わされたのとまったく同じように、今度も彼の「落としたアイゼン」ですべてケリがつくことになった。

「不運というか……」

大野栄三郎がいう。

「森田という男には、ここぞという勝負どきになると運がことごとく逃げていくという、妙なめぐり合わせがあるような気がしてならないのです。

あのアイゼンのことにしてもそうだった。他人には到底真似のできないことを、ひたむきにやっている男なのに、彼には運というものがついていないのです。そういう男は、どこの社会にもいるのかもしれませんが……」

森田は、山行の記録を書きとめた小さなノートに、こう書いている。

〈我が会、二十五周年記念特別山行。屏風岩緑ルートより北尾根、前穂、奥穂、槍ヶ岳、三俣蓮華、野口五郎、烏帽子、針の木、鹿島槍、天狗尾根下降、鹿島槍北壁正面リッジを完登。鹿島南槍より牛首尾根下降、ジャンクション・ピークに突き上げているタル沢を下降する。黒部川横断を完成すれば成功も間近であったがアイゼンを落としたため、くやし涙をのんで敗退する。

この敗退は、我が一生の敗退でもある……〉

記念山行から帰ったあと、三十九年にはめぼしい山行の記録はない。八月十六日から二十四日まで穂高の涸沢合宿、横尾キャンプに加わったのが長いといえば長い山行で、あとは谷川岳の遭難救助に出動したのが二回と、一ノ倉沢中央稜を登ったのが一回。敗退のショックが、実の世界に目を向ける機会になりかかったのだが、翌四十年、彼は再び猛然と山に向かっていく。

＊

六月二十七日から七月四日まで黒部丸山東壁正面壁を試登し、十月十二日から三十一日までかけて攻撃を繰り返した末、完登に成功。八月一日から十六日までは剱・三ノ窓合宿と入りびたっている。この夏も、仕事をする暇はまったくない。

彼にとって、挫折はまともな傷となって残る。その傷を受けると、再び勝算があろうとなかろうと、攻撃にのめり込んでいくのだ。

「ところで、行くのはいいけど、仕事の方は大丈夫なのかね」

「構うことはないよ。オレは金型じゃあ一流の職人だ。どこへ行っても食うには困らねえ。山から帰ればすぐ仕事が見つかるんだ。心配はいるものか」

仲間の心配に、彼はいつもそう答えた。事実、一日働けば、同年輩の一日当たりの給料よりはいいカネを取るらしいのだが、そもそも、働く日数が少ないし、それを貯めるということをまったく知らない。山に注ぎ込むだけでなく、服装や飲食にパッパと使ってしまうので、結局は慢性的に貧しかった。

九月、一ノ倉沢滝沢下部ダイレクト・ルートから上部第三スラブ。これがのちの「三スラの神話」に結びついていくのだが、そうかと思うと、その一週間後、三日間をかけて伊豆連峰縦走などという、およそ尖鋭クライマーらしくないことをやっている。

「あれは一体何なのかね」

と仲間に聞かれた彼は、

「ああ、失恋山行さ」

と答えた。山登りという、虚の世界に激しくのめり込む一方で、恋愛、結婚、家庭——つまり実の生活にチラリと心が傾くのである。

無職渡世の人生も、すでに二十八歳になっていた。

そのころ、緑山岳会のなかでは、南米アコンカグア遠征の計画が持ち上がっている。

昭和三十三年に第二次RCCを創立、すぐれたクライマーであり理論家としても知られた奥山章は、雑誌『山と溪谷』の四十三年新年号に寄稿した「パイオニア・ワー

いのか。
〈――日本の山には、もう夏・冬を通じて、パイオニア・ワークの対象となる場はな
クをどこに求めるか」のなかでこう書いた。

『ペチャンコになった歯磨のチューブは、いくら押しても何も出てこない』〉
奥山のいう通り「ペチャンコになった歯磨のチューブ」に見切りをつけた日本のクライマーたちは、すでに、次々と外国の山に出ていた。大学山岳部の海外遠征は戦前からのものだが、このころになると、社会人山岳会出身のクライマーが、バリエーション・ルートをアルピニズムの本場、ヨーロッパ・アルプスに求めていたのである。

三十八年、芳野満彦が大倉大八とともにアイガー北壁に挑戦したのをはじめ、高田光政、加藤滝男ら、かつて日本の岩場でバリエーション・ルートを開いたクライマーたちは争ってアルプスの岩壁に挑戦。すでにこのころ、根拠地のシャモニやグリンデルワルトのテント場でチャンスを待つ日本の登山者たちに「アルプス乞食」の名がつけられたほどだった。

ホテルやペンションに泊まるだけのカネがなく、やむをえずキャンプ生活をしているところからそんな呼び名がつけられたのだが、それでも、海外渡航そのものがままならなかったころに比べれば、経済的な高度成長はめざましいものがあった。

ロック・クライミングをするほどの者は、ほとんどがヒマラヤやアルプスの山々を夢見ている。古くはエドワード・ウィンパー、ジャン・コストからはじまって、リオネル・テレイ、ルイ・ラシュナル、ガストン・レビュファ、アンデルル・ヘックマイアー、トニー・ヒーベラー、ワルテル・ボナッティらヨーロッパのアルピニストたちの著書が広く読まれているのはそのためだ。

彼らは、いつかは自分たちもこれらのアルピニストたちと同様、ヒマラヤやアルプスの山々を登ることを目標にして、むさぼるように読むのである。

ヒマラヤに引きつけられるのは、何をおいてもそれが高い、ということだ。山を登る者にとって、山はより高ければより困難であり、したがってより尊いということになる。

ヨーロッパ・アルプスはいうまでもなく、それがアルピニズム発祥の地であるからだ。アルプスの岩場こそアルピニズムの舞台なのである。今は、アルプスの岩と氷の世界の代わりに、ジメジメした日本の岩壁を登ってはいるが、いつかはアルプスへ行きたい、と誰もが夢を見続けてきた。日本の経済成長はその夢を現実のものとした。こうして、昭和二十年代後半から四十年代以降にかけて、日本の若いクライマーたちがそれこそ、どっと、といってよいほど外国へ出かけて行ったのである。

それは、森田勝にとっても同じことだった。彼は、アンナプルナの英雄、リオネル・テレイや、チョゴリザで姿を消した勇猛でタフなアルピニスト、ヘルマン・ブールに憧れ、自分自身、彼らが登ったのと同じ山を登りたいと、仲間たちに語っていた。だが、現実にはそれどころではない。アルプスははるかに遠く、彼は、上野からほんの数時間の谷川岳へ行く汽車賃さえままならない暮らしで二十代前半を過ごしていたのだった。

*

その森田の所属する東京緑山岳会で、アルゼンチンのアコンカグア遠征の計画が具体的に語られはじめた。中心となったのは、彼のもっともよきザイル・パートナー、青木敏である。標高四二〇〇メートルのベース・キャンプから六九六〇メートルの頂上まで、アコンカグアの南壁は垂直の岩壁と氷壁を連ね、そのスケールの大きさは緑のホーム・グラウンド、谷川岳とまったく比較にならない。青木はこの南壁を狙って準備をはじめた。

問題は費用である。ざっと計算して一人七、八十万円。青木は、このうち参加者が一人当たり二十万円を個人負担金として遠征チームに納入し、残り五、六十万円は遠征メンバーで作ろうと考えた。この五、六十万円も原則的には個人で調達するのだが、そのうちいくらかでも会の行事や寄付金でまかなおうという考えだ。彼は、費用調達のためにスキー・バスの会や、スキー映画の会を催して入場券を売るという仕事からはじめた。

緑の会員にスキー・バス会員券や映画会の入場券を割り当てて売りさばいてもらったりしたが、この収益では到底費用をまかなえるはずがない。手っ取り早いのは寄付金だが、大学山岳部のように、有力なOBのいない町の山岳会ではこれも期待できなかった。

あとは、行きたい者が自分で調達するほかはない。カネを作れる者だけが遠征チームに加われるのである。

遠征計画によると、四十一年十一月二日「あるぜんちな丸」で横浜を出発し、四十五日かけてブエノスアイレスに到着。ここから西へ一〇〇〇キロのメンドサに入り、プエンテデルインカからアコンカグア山麓へキャラバン、二月までに登攀を終える、という予定。立田実、青木敏、野崎正矩、大橋武三郎らが遠征隊員ときまり、装備など荷物の発送もすんだころ、遠征隊員と会の幹部の間で衝突が起こった。リーダー会の席で、

「会はこの遠征の資金面で何も協力してくれない。やる気があるのか」

と遠征隊側が非難。これに対し、

「カネもないのに無理してやることもないではないか」

と応じる幹部が出て激論となり、ついに、立田以外の遠征隊員は脱会。これに同情して他の三十数人も退会を申し出て、緑山岳会は実質的な分裂の事態となったのである。


そのころ、森田自身も体が張り裂けそうな思いにのたうち回っていた。


彼は緑に入会以来、積雪期の一ノ倉沢集中以外は会の正式山行にことごとく参加したし、これはという個人山行にも割り込むようにして加わってきた。他のほとんどの会員は、計画を聞くとまず、

「さてと、それで休暇は取れるかな」

と思案するのだが、彼の場合は聞くなり間髪を入れず、

「よし、行こう、オレも行く」

となる。


アコンカグアの話を聞いた時も同じだ。七〇〇〇メートルという高さに胸がおどり、たちまち、

「オレも行くぞ」

と飛び込んできた。

だが、一ノ倉沢へ行くようなわけにはいかない。個人負担金二十万円を隊に差し出すほかに、自分でも五、六十万円のカネを工面しなければならない。

緑の会員は、彼のように、その日暮らしで過ごしている者ばかりではない。資産家の息子もいるし、大企業で働いてりっぱにやっている者もいる。自営でささやかながら事業を経営している者、しかるべき金策のルートを持っていそうな者、などもいたが、彼に、

「いいとも。カネは貸そうじゃないか」

という者はついに一人もいなかった。森田は焦って走り回ったが、最終メンバー決定の期限までに、カネの見通しがつかない。

「気の毒だが、まあ、しょうがないな。会でカネ出してくれるわけじゃないし……」

そういわれて、彼はアコンカグア行きを断念した。

それ以後、まるで自暴自棄のありさまとなって荒れはじめる。少年時代から積み重ねてきた、得体の知れぬものへの彼の恨みや怒りが、あらためて、一度に爆発したのだった。

少年時代、まず彼につきまとったのは母の死への恨みである。母が死んでいなければ、彼にとって、家庭は別のものになっていたはずだった。次に、学歴のことが彼をひどく苦しめる。

彼の場合、もっとも厄介だったのは、母の死にしろ、学歴にしろ、それについて諦める、慣れる、という方法をけっして知らない、ということだった。彼はまるで子供のように、ひっきりなしに「イヤ、イヤ」をしていた。

彼は、苦しみや悲しみに慣れることを断乎として拒否した。彼は、白い紙についた汚れが、時間とともに薄れてゆくことをけっして許さなかった。少年時代に受けた傷が、成長するとともに癒えるようなことがあれば、それはとりもなおさず、彼が老い、汚れ、堕落することだった。

彼はそうやって、自らの戦いを続けた。いつも自分のなかにあいた暗い穴をみつめて、怒りをたぎらせつつ、山へ登るという、無為徒労、不毛の戦いへ自らを駆り立てていった。

カネを持っていないという、森田にしてみれば「ただそれだけのこと」で、彼が長い間夢見ていた至高の行為――より高くより困難なものを試みる――から疎外されるのには、どうあっても耐えられない。耐えるのはすなわち敗北であった。

彼は荒れ狂った。酒を飲んでは、遠征隊員の一人一人を、

「カネがあるからといって、何であんな奴が行くのか」

とののしった。

荒んだ感情をぶちまけた相手の一人に、大野栄三郎がいる。かつての尖鋭クライマーはすでに岩場からしりぞき、会では、会長、副会長に次ぐ監督のポストにいた。

「オレは長い間緑の犠牲になってやってきたんです。これ以上やっちゃあいられない」

「犠牲になったって、一体、何のことかね」

「何度も何度も、会社を辞めてまで緑のために尽してきたんです。大野さんだって、それは知ってるじゃないですか」

「勝よ、そりゃおかしいんじゃないか。お前、好きでもって山行の話に首を突っ込んできて、オレも行かせろ、行かせろ、といってきたんじゃないか。え、そうだろう」

「しかし、それは……」

「いや、それだけじゃない。山には関係なく、自分から辞めたことだって何度もあるじゃないか。年下のチンピラが命令したから辞めた、チンピラって誰だ、係長です、それじゃ命令するのは当たり前だろう、いや、仕事もろくにできないのに生意気だ

から、なんてこともあったじゃないか」

「しかし、あれはオレに学歴がないからバカにしたんです。それで……」

「お前がいつもいっているように、仕事の腕が一流なら、バカになんかするはずないじゃないか」

「そうじゃないんです。一人前の仕事をしても学歴がないから半人前の評価しかしないってことですよ」

「ちょっと待て、緑の犠牲の話ってのはどうなったんだ」

「ですから、これだけ会の犠牲になってやってきたんだから、アコンカグアの費用だって何とかしてくれてもいいじゃないかと……」

「勝よ、それはちがうよ。ウチの会ってのは、昔から、山は道楽なんであって、自分の楽しみのためにやる、ってことになってるんだ。だから、カネがないなら行かない、それでしょうがないじゃないか」

「しかし……」

「何いってもダメだよ」

「しかし、行ったって仕方のない奴が……」

何度話しても、話は堂々めぐりで、彼は、

「カネがないなら、しょうがないじゃないか」

という、いわば〝世間の理屈〟をのみ込むことができなかった。

「こんな話をしていたといえば、何とバカなことを、と思うでしょうが、話をしている時は、やはりこの男は純なのだなと、不思議なことに思ってしまうのですよ」

大野はそういっている。

＊

十一月二日、森田は横浜港にやってきた。

「いよいよ出発だな」

青木にニコニコと声をかける。

「頑張れよ。帰ってきたら話を聞かせろよな」

青木は、あれほど口惜しがっていたのに、と思ったが、

「やあ、ありがとう」

と笑い返した。

「オレ、横浜に住んでるから、港のことはよく知っているんだ」

森田はそういって、何かと遠征隊の面倒を見る。

彼にとって青木は、同期生でありながら一足も二足も早く会のリーダーとなり、ヒラの自分の上に立った男である。その青木が、今度は自分の知らない外国へ出かけていく。

見送られる方、そして、見送りにきた会のメンバーも、妙にサバサバした森田の顔が気になる。

——腹のなかの本音は口にも出すし、顔にも出す。それでずっとやってきた男が一体、どうしたのだろう……。

本人は、周囲のそんな不審の思いなどまったく気がつかぬふうで、

「頑張って行ってこいよ」

と声を張り上げていた。

そのころ森田は、岩沢英太郎と谷川岳一ノ倉沢滝沢第三スラブのことをひんぱんに話し合っている。

*

岩沢が山を登りはじめたのは、三十三年、東京工業高校を出て日本製鋼所の府中工場（東京製作所）に就職してからである。翌三十四年十月十八日、二十七歳の先輩に

連れられて奥秩父の国師ヶ岳へ出かけた。先輩は十日後に結婚式を控えていて、

「独身最後の山登りだ」

と笑いながらいっていたのを覚えている。

十八日から十九日にかけて、二つ玉の低気圧に覆われて山は大荒れとなり、記録的な数の遭難者が続出した。奥秩父も十八日夜から雪となっている。

岩沢たちは十八日、国師ヶ岳の頂上をめざしたが激しい雨、のちにみぞれの悪天候でついに小屋までたどりつけず、頂上直下三〇〇メートルでビバークしたが、翌十九日、下山の途中、先輩の疲労が激しくなり、そのまま死んだ。死因は疲労凍死だった。

彼にとって、それが、山登りを本格化する動機となる。生き残った自分が山をやめるわけにはいかない、死者の前でそれは許されないという十九歳の決心だった。

事故のあと、彼は横浜・鶴見にある、かもしか山岳会に入る。会社の後輩に大串英助がいて、その大串がのち緑山岳会に入り、森田と一緒に鶴見のアパートに住んだことから、岩沢は森田と知り合った。

岩沢は無口で、山での自分の手柄話を大声で語るような男ではない。しかし、登りたいルートの研究は十分しているし、自分自身、バリエーション・ルートを数多く登っていた。かもしか山岳会では一、二といわれたクライマーである。

鶴見のアパートで話していた時、どちらからともなく第三スラブの話が出た。奥山は「ペチャンコになった歯磨のチューブ」ときめつけたが、岩沢は、第三スラブこそ残された最後のバリエーション・ルートだと考えていた。

森田も第三スラブには前から関心を持っていて、四十年夏には試登している。青木を、

「一緒にやろう」

と誘ったこともあった。だが青木は、

「あそこじゃあ、命が二つあっても三つあっても足りないぜ。雪崩がひとつくればおしまいだからな。あれは困難じゃなくて危険だけだよ。オレはああいう一発勝負は嫌だね」

と断っている。

大野にも「三スラはどうでしょう」と話したことがある。

「どうです、大野さん」

「オレは壁とかリッジとかには困難だが魅力がある。そういうところが好きで登ってきたんだ。しかし、ルンゼというのは困難性は比較的少ないが危険だな。オレは嫌いだよ。まあ、スラブの場合はまた別だが、やるなら一年でも二年でも、それ相応の研

究をしなけりゃいけないね。少なくとも、夜のうちに登らんとな」

「そうですね。しかも前の日、天気がよくて、カンカン照って落ちるものが全部落ちて、そのあとで冷え出したら吹雪いていたっていい。吹雪の雪が積もる前に抜けきればセーフですね。だからスタートは晴れた日の夕方……」

「そういうことだな。しかし、オレは嫌だね。第一、登りたい人なら何も初登じゃなくたって、二登、三登でもいいんじゃないのか。本当に納得のできる登り方ができればそれでいいんだから……」

「いや、大野さん、そうじゃないんだな」

「何だ」

「まず初登ですよ、それでもって名前を売らなけりゃいけない」

「勝よ、それは違うぞ。有名な登山家と優秀な登山家は別なんだ。優秀な登山家になれよ」

「大野さんのいう意味はよくわかる。でも、ちょっと聞いて下さい」

「有名じゃなけりゃ困ることでもあるのか」

「そうですよ。カネもないしスポンサーもなしではオレたち山に行けないんですよ。有名になればスポンサーだってついてくるでしょう。大野さん、オレは有名になりたいんだ。だから、何が何でも初登でなけりゃいけないんだ」

有名になりたい、というのは、第三スラブのことを話しながら岩沢も気づいていた。

――嫌だな……。

とは思ったが、話は進んでいく。

そのころ、積雪期の滝沢第三スラブを現実に狙っていた者はほとんどいない。下部が雪崩の通り道であり、危険過ぎて登攀の対象にはなりえない、というのが一線クライマーにほぼ共通した考え方だった。一人、独標の久間田芳雄が執拗に狙っていたが、彼は第三スラブを試みる前に一ノ倉沢三ルンゼで死んでいる。

だが岩沢は、雪と氷の状況が理想的になれば――つまり、落ちるべき雪が落ちきって、いったん気温が上がり、その直後急激に下がって氷が締まれば――登攀の可能性はありうると考えていた。

彼は森田と会う前に、すでに積雪期第三スラブを二度試みている。一度は滝沢下部で雪崩にあって一ノ倉本谷まで飛ばされ、一度は、取り付き点のベルクシュルントが大きく断念した。

森田は岩沢を相手に、熱心に第三スラブを語った。

彼にとってこれは、アコンカグアから自らを阻んだ何か――いや、少年時代からこ

冬の一ノ倉沢滝沢。左から二ノ沢、滝沢リッジ、滝沢スラブ、滝沢本谷（写真＝平田謙一）

のかた、常におのれを阻み続けている何か——に対する報復以外の何ものでもなかった。

　彼は、アコンカグア行きに加わろうとして、彼なりに貯めた何がしかのカネ（もちろん、必要な額にはまったく足りない）をわずか数夜のうちにバーやキャバレーで使い果たし、荒れるだけ荒れ狂ったあと、報復の計画にとりかかったのである。青木がアコンカグアに去った今では、岩沢は願ってもないパートナーだった。そして、彼にとっては、これははじめて緑のほかに得た互角のパートナーだった。岩沢は、煙草を吸うパートナーを、うらやましそうに眺めていた自分の姿を知らない。腹いせに単独登攀を試みて、取り付き点に達する前にころげ落ち、どやしつけられながら病院にかつぎ込まれた姿も見ていない。

　滝沢第三スラブは、今や、緊急に必要な戦いだった。これを戦わねば、恥のなかで狂い死にする。それに、何としても有名にならなければならない。

「有名になればスポンサーがつく。山に行ける」

　と大野の前でいったけれども、実は、正確ではない。彼はのちに、

「この世に何か残さないで死ねるものか」

　といっている。常に阻まれ続けた男は、どうあっても、おのれがここに生きていた

という、ツメのあとを残しておきたかったのである。

森田は、上大崎の自宅に緑の会長の寺田を訪ねた。寺田は、年を取るにつれていよいよ侠客ふうになっている。

「会長さん、実は話があります」

「何だい。アコンカグアのことはもうすんだぜ」

「いいえ、そうじゃあないんです。三スラへ行きたいんです。それでひとつ、了解をいただきたいと思いまして……」

「何を、三スラだと」

「そうです」

「ダメだ、ダメだ。あそこはお前、雪崩の巣だ。九九・九パーセントやられちまう。そんなところへ行くのは勘弁ならねえ」

「しかし、壁の条件のよい時なら大丈夫だと思うんです」

「そりゃ奇跡だぜ」

「慎重にやりますから……」

「ダメだね。行きゃあ必ずオロク（死体）になる。お前がオロクになったら、必ずお前の親にいわれるぜ。会長、そんな危ないところに行くのをどうして止めてくれなかったんですか、となオレは嫌だね、そんなのは」

「………」

「それでも行きてぇのなら会を辞めることだ。会の人間じゃなければオレには関係ねえや」

「……」

「辞めろよ。どうあってもいうことを聞けねぇのなら、会をスッパリ辞めて行けよ」

「わかりました」

話はそれで終わった。彼は緑一家を破門されたのである。何といわれようといい。この計画を実行しなければ生きていても仕方なかった。

出て行く後ろ姿を見送って、寺田は妻の信子にいった。

「あのバカ、あれだけいったんだから行きはしないと思うが、それでも出かけて遭難したら、やっぱり緑が救助にいかなけりゃならないだろうな。これは爆弾抱えたようなものだぜ。まったく、バカな野郎だなあ……」

＊

昭和四十二年二月十日、森田は岩沢とその仲間の三人で一ノ倉に入った。目標は、第三スラブを完登したあと登るはずとなる滝沢リッジである。

ところが、取付近くにきたところで、森田は突然、

「きょうは壁の状態がいい。三スラをきょうやっつけてしまおう」

といい出す。そんな準備もしていないし、岩沢の仲間にはまだ第三スラブを登るほどの力量はない。岩沢は不服そうな森田をどうにか思い止まらせた。

——彼はアコンカグアに行けなかったことで、破れかぶれになっている。行く連中はカネ持ちの息子ばかりだが、あんな連中が行ったって何もできやしないぜ、といっていたが、まだこだわっているのか……。

岩沢はそう思った。

滝沢リッジを二月十三日に完登したその十日後の二十三日、二人は一ノ倉沢出合の小屋にいた。一日快晴でしきりに雪崩が落ちるが、日照時間の少ない滝沢スラブは落ちきらない。翌二十四日も快晴。二十五日は曇のち雪、気温が下がって登攀の条件が整った。

午前十一時、滝沢下部ダイレクト・ルートに取り付く、岩沢が回想する。

「ほとんど定期的に雪崩が出た。前日までに大きなものは落ち切ったが、それでもチリ雪崩はやまない。音もなく落ちてきて、そのあとでバーンと風圧がくる。この時は

呼吸ができなかった」

取付から六〇メートルのザイル二ピッチ、二時間で滝沢下部を抜け出す。午後一時、この日はここでビバーク。

二十六日、快晴、のち雪。午前八時、第三スラブを登りはじめる。F1、F2と堅い蒼氷。F3を六〇メートル二ピッチで越えると氷瀑となったF4。その上に一〇メートルほどのハング帯。再び岩沢の回想。

「天気がよく、思ったよりスムーズに登れたが、F4はきつかった。F4の上にあるハングが特に問題だった。しかし、森田がこれをトラバースするルートを発見した。トラバースそのものは簡単だが、これを発見したのが勝因だと思う。森田の長年の勘によるものだろう。トラバースしなかったら、ハング帯上部で雪崩にやられるおそれがあった」

チリ雪崩がひっきりなしに起こり、さらに雪も降りはじめる。リッジに出たのが四時半。雪壁のなかを苦闘してようやく滝沢リッジに到達する。ドーム壁直下にはGHM－Jパーティがビバークしていた。

温かいコーヒーやミルクが出される。飲みながら、森田は有頂天になっていた。歓喜に揺り動かされて次から次へと言葉が出る。GHM－Jパーティに向かってどんな言葉で語ったか、岩沢はもはや細かくは覚えていないが、彼のおぼろげな記憶を言葉にしてみるとこんなふうになる。

「オレは登ったぞ。とうとうやったぞ。きつかったけれど、終わってみればオレ一人で登ったようなものだ。いや、オレが三スラを登ったんだ。岩沢がいなくたって、きっと登っていたぞ……」

はじめは、うれしさに取り乱しているのだろうと思って聞き流していた岩沢も、次第に腹に据えかねてくる。

翌日、一ノ倉沢出合の小屋へ残してあった荷を取りに行って二人きりになった時、岩沢は吹雪が荒れ狂う一ノ倉沢を指さして森田にいった。

「きのうはいい過ぎやしなかったか。あんた一人で登れたというのなら、今からもう一度やり直してみようじゃないか。オレが一人で登ってみせるからついてこい」

森田は瞬間、キョトンとしたが、すぐ言葉の意味を理解する。

「確かにオレがいい過ぎた。悪いところがあったらあやまるよ。だから、もういわないでくれ」

岩沢は、森田が緑を離れてはじめて得たパートナーである。そのパートナーを、彼はもう失いかけていたのだった。

烏帽子沢奥壁大氷柱

四十二年二月二十七日の夜、東京緑山岳会会長、寺田甲子男の自宅に新聞記者から電話がかかってきた。記者は土合山ノ家からかけているのだという。

「緑山岳会の森田さんが、滝沢第三スラブの初登攀に成功されたそうです」

寺田は、無事だったか、と安心したが、そっけなく答えた。

「そうですか。それはわざわざ……」

「大変な記録だと思うんですが、会長として何か感想はありませんか」

「感想というわけじゃないが、その森田というのはウチの会員じゃないんですよ」

「会員だと聞いていますが……」

「ちがいます。私は彼に、第三スラブへ行くのなら会を辞めろといったのです。だから彼は今、会員ではありません」

「どういうことがあったか知りませんが、うれしくはないんですか」

「それでは聞きますが、もし彼が第三スラブで雪崩にやられたら、あなたがたは何と書きますか」

「……」

「あんな危険なところを登るのを許したのはけしからんと、当然、批判するでしょう。ウチは、山は楽しみに登るものなのであって、けっして死ぬようなことはしてはならん、というやり方なんです。おかげさまで、遭難事故も少ない。滝沢の第三スラブというところは、そういう考え方からしたら登っちゃいかんところだ。それを登りたいというから、じゃあ会を辞めろと申し渡したんです。記事にするのはそちらのご自由だが、そういうわけだから、緑山岳会の会員だとは書かないでいただきたい」

記者は「ちょっと待って下さい」と電話口を離れ、ちょっと間を置いて森田の声が聞こえてきた。

「会長、おかげさまできょう三スラを登りました」

祝いの酒が入っているのか、声がはずんでいる。

「とにかく無事で帰ってこれてよかったな」

「天気がよかったんです。F4のところは大分悪くって……」

「運がよかったんだよ。ああ、それからな、新聞記者にもいっておいたが、緑の名は使うなよ。わかったな」

森田の口調が、明らかに不服そうに変わったが、寺田は構わず電話を切った。

「ほめてあげればいいのに……」

妻の信子が声をかけると、寺田はむきになっていい返した。

「そんな汚ねえ真似ができるか。行っちゃあいかんといった奴が、うまく登れたからといって、よかった、よかった、おめでとう、よくやったなといえるかよ。みなさん、緑の森田がこんな凄いことをやりました。と吹聴できると思うかね。そりゃ汚な過ぎるよ」

信子は口をつぐんだ。確かにその通りだが、しかし、と思う。

——自分から電話をかけるわけにはいかないので、新聞記者にまずかけさせたのにちがいないわ。大手柄を立てたような気持ちで、甘えたかったんだろうに……。

信子は森田が入会したばかりのころ、彼に、

「奥さん、本当にきれいですね」

といわれたことがある。口の重い男が、どうした風の吹き回しでそんなお愛想をいうのかしら、とおかしかったが、彼はそのあとでこう続けた。

「まるでキャバレーにいる女の人みたいですね」

ムッとして、何かいい返そうとする。夕飯を食いにきてはゴロゴロしている、いわば居候みたいな若い男に、下品なからかわれ方をして黙っているわけにはいかない。

だが、森田の顔をにらみつけているうちに、

——あら、この子は本気でほめているつもりなのかしら、

と気づく。彼はニコリともしないし、自分の讃美の言葉に照れたように目を伏せている。

——あの子が世渡り下手なのは、いつも本気になり過ぎるからだわ。

以来、信子はそう思うようになった。本気にならなくてもいい時に、本気でリキみ返っている姿は、人には滑稽としかうつらない。キャバレーにいる女性はみんな美しいと本気に考えていて、その本気を言葉にすると相手を怒らせることになる、彼はそんなことになるとは、まったく考えていないのにだ。

——森田を笑ったり怒ったりする人は、あの子の胸の中にある純な本気を知らないからよ。

信子はそう思う。

土合から電話がかかってきた夜、信子は森田の純な思いつめ方があわれでならなかった。

「あれは彼が三スラへ行く前のことでした」

大野が語る。

大野は勤務先のソニーの山岳部のコーチ格をつとめている。部員たちと山行をともにすることもある。ソニー山岳部には若い娘たちが多く、いつもはなやいだ山行だ。

一緒に行くかね、と誘うと森田は喜んで飛んできた。生きるか死ぬかのギリギリの山登りばかりをやっている彼にしてみれば、ソニー山岳部との山行はお花畑に遊ぶような気持ちだったのだろう。

*

四十一年の暮れ近く、森田は大野を訪ねてきて、ねえ、何とかならないですか、と切り出した。

「オレにだって、一緒に遊んでくれる女の子はいないわけじゃないけど、いざ真剣につき合おうとすると、みんな逃げられちまうんですよ」

「そりゃそうだろう。しょっちゅう職場を変わっているような奴が相手では、不安で仕方ないもの」

「そんなこというけど、オレもそろそろ三十になるんですよ。ソニーにはいい子がいっぱいいるじゃないですか。大野さん、お願いだから世話して下さいよ」

大野は、ひょっとするとこれはいい機会になるかもしれない、と考えた。

大野の義母、とみは、ひとつところに腰が落ちつかない森田のことを、いつも心配していた。彼のところも継母であることを知っていて、そんなこんなでグレでもしなければいいが、と気を病んでいたものだ。

「森田さん、山に登ってはいけないなんていいませんよ。山が好きなら仕方がない。けれど、山登りは道楽でしょう。人間に道楽があってもいいけど、道楽は道楽として、仕事だけはキチンとひとつところに落ち着いてやらなけりゃダメじゃないの」

と本人にいったこともある。大野は、森田が「嫁さんを世話して下さいよ」といい出した時、これはひとつやってみる機会だな、と考えた。

「三カ月間同じ職場で働いたら本採用になる。本採用になれば保険に入れるし、ボーナスだって出る。そうやって、ちゃんと勤めていれば誰でもお前についてきてくれるはずだよ」

「そうですかね」

「そうさ。嫁さんを世話しろといったって、いつもフラフラしてるんじゃ、こっちも安心して世話なんかできないよ。そうだな、一年、といってもお前には無理だろうから、せめて半年、同じところで働いてみろ。今度入った会社はソニーとも関係あるし、ちゃんとした会社だろ、そこで半年続いたら、オレが必ずいい嫁さんをみつけてやる。どうだ」

大野としては、六カ月つとめて本採用の社員になれば、欲も出るだろう、そのまま落ち着く気持ちにもなるかもしれない、と考えたのだ。

「どうだ、やってみるか。オレとの約束だ」

森田はうれしそうに笑った。

「やります。大野さん、今いるところはなかなかいい会社だし、今度は大丈夫ですよ。六カ月ですね」

「そうだ」

「約束しましたよ。必ずやりますから、大野さんも今のうちから心がけておいて下さいね」

「よし、まかせておけ。気立てのいい子ならいくらでも心当たりがある。お前の心がけ次第だぞ」

「大丈夫ですよ。何たって、今の会社はこの業界じゃあ一流だし、オレの腕を買ってくれてるからね。大野さんに相談してやっぱりよかった」

森田はそれっきり会にも姿を見せなくなった。一念発起して、アコンカグアへ行けない恨みも忘れたかもしれない、そんなふうにも思われた。

森田が大野の前に現われたのは、翌年の三月はじめである。うれしさを抑えきれなくて、全身が輝いているように見えた。体中に自信と精気があふれている。

「大野さん、とうとうやりましたよ」

何カ月ぶりかで会ったのに、挨拶も抜きに切り出す。

「やったそうだな」

「はい、やりました。三スラを登ったんです。いやあ、死ぬような思いでしたよ。オレがずっとトップで登ったんです。一緒に行ったのが意気地なくってね。でも、自信はあったんです。天気もよかったし、これはいけると思ったんですよ。快調に登れました。新聞にオレの記事が出てたでしょう。あれ、読んでくれましたか」

「ああ、読んだよ。よくやったな。凄いよ。オレにはとてもやれないな」

「いやあ、アイスメスでこうやってね、こんなふうに登ればいいんですから。大野さん、今度は一緒に行きましょう。ぼくが全部引っ張り上げてあげますから、大丈夫ですよ」

際限もなくしゃべり続けそうな森田を、大野は、

「ところで……」

とおさえた。

「お前、会社はどうした？」

「やあ、オレは山に賭けることにしました」

「だから、会社の方はどうなった、と聞いているんだよ」

「ああ、あれですか」

「そうだ、あれだよ」

「あれ、やめました。二カ月めだったかな」

「どうしてまた？」

「係長っていうのが若い奴でね、それがオレにくだらん文句をいうんですよ。こっちは仕事の腕には自信があるし、ちゃんとやってるのにですよ。それをわけもなくケチつけられるんじゃやっていけないから、それで……」

「半年もたなかったんだな」

「そういうわけです」

「それで、お前、嫁さんはどうするんだ」

「まあ、やっぱりね、オレは山一本で行きます。一生、山に賭けますよ」

何をいってやがる――大野は腹が立った。
――例によって人のせいにしているが、本当は三スラをやりたくってやめちまったんだろう。休みをくれ、ダメだ、ハイ、そうですか、といった調子だったに違いない。この野郎、あんな約束をしたくせに、すみませんでもなくって三スラの自慢話ばかりを……。

普通、職場を転々とするたびに生活は落ちていくことが多いが、彼の場合は技術があるからそうでもない。格段によくもならないが悪くもならないし、金型の職人は引っ張りだこの状態だ。工場をフラリと訪ねて話をすると、すぐ明日からきてくれ、となって食うには困らない。

「結局それがいけなかったのだと思います」

大野はそういう。

「六カ月の約束を二カ月でフイにして、それでケロッとしているのをみて、いっとき、腹も立ちましたが、すぐ、これはもうどうにもならない、と思いました。

この男は、ザイルのトップで登れなくなった時、はじめて一人前の人生を送れるようになるんだろう、それまでは何をいってもダメなんだ、と考えたのです。

それと同時に、自分の好きなことを力いっぱいやる、純粋にのめり込んでいく、という彼の生き方が、私にはうらやましく見えるようになりました。人は純粋であればあるほどバカになるのですね。『白痴』という小説があるでしょう。森田をバカだというのは当たっている。しかし、彼がなぜバカなのか、そのバカさかげんの裏にどれほど純粋なものがあるか、それを知らない人は、人生の大切なものにも気づかない人だと思いました。

実は私も、何もかも捨てて山に打ち込みたかった。敗戦直後の、あのせつなさのなかからはじめた山登りを私なりに全うしたかったのです。

だが、私は森田のようにはやれなかった。私には、食い物のない時に自分の分を削って食わせてくれた義母がいたからです。義母は、私が山に行くたびに何かありはしないかと寿命を縮めるほど心配していた。泣かれたこともあります。その義母を、これ以上泣かせるわけにはいかない、そんな状態になってしまって、私は山登りをやめたのです。

義母の身を案じてやめた、というと孝行話のように聞こえるでしょう。しかし、そんなきれいごとではない。私には、自分の思うことを貫けなかった、森田ほど純粋になれなかった、という口惜しさがあるだけです。

彼は本当に正直にやり抜いた。約束を破られたあと、私は彼がだんだんうらやましくなってきた、というのはそういうことです……」

＊

アコンカグアから帰ってきた青木敏たちは、緑を退会した者を中心に新しい山岳会である「岳友会」を作った。代表は、緑の監督だった小林利秋である。森田の後輩で、彼のよき理解者の横田正利も青木と行動をともにした。

森田もすでに緑の会員ではなくなっている。青木という最強のザイル・パートナーのいる岳友会に加わっても少しもおかしくなかった。事実、彼は、「岳友会に入れてほしい」といったこともある。

だが、結局彼は岳友会に入らなかった。その間の事情を青木が語る。

「岳友会には入りたかったでしょうね。ところが、それじゃあ会費を納めてくれというと納めない。彼は緑にいた時からそっちの方はルーズだったんですよ。会費を納めないんでは入れるわけにはいかない。

それから、会の会合にも出ないんです。暇があれば出てくるでしょうが、東京にいる時は働かないと食っていけないから、そうそう会合に出るわけにもいかなかった。それですっぽかしが多い。そういうわけで、自然とみんなから敬遠されてしまったんですね。正式には入会しないままでした」

それだけではない。緑にいる時、森田は常に自分の意見を主張してゆずろうとしなかった。よくいえば個性が強いということになるのだが、周りからみれば、要するに自分本位で協調性がない、に尽きる。会の集中登攀をすっぽかして勝手に衝立岩正面壁の単独行を企てるという統制違反もやった。

「自分のやりたいことを貫く」という男が、組織に歓迎されないのはわかりきっていた。

それに、緑山岳会の運営を「放慢経営だ」と批判して退会した岳友会グループは、新しい会を組織としてキチンと運営しようと意気込んでいた。会費は払わない、集会にも出てこないという〝不良会員〟に入り込めるわけがなかった。

こうして森田は、青木敏という、互いに呼吸の仕方まで知りつくした最強のパートナーを失った。

しかし、滝沢第三スラブを登ったばかりの森田は、大野との約束を破って家庭を持ちそこなった失敗や、すぐれたパートナーを失ったショックなど、まったく感じていなかった。

「とうとう大きなことをやったぜ。新聞には載ったし。みんながオレの名前を覚えたぞ」

と有頂天だったのである。

アコンカグアから帰った青木を横浜に出迎えて、

「オレ、三スラをやったよ」

といった時、

「ほう、そうかい」

と軽くあしらわれたが、彼は「あしらわれた」ということにさえ気づいていなかった。アコンカグアへ行けなかった恨みから、第三スラブ初登を思い立ったのだから、彼にしてみれば誰よりも先に成功を告げたかったのは青木のはずである。彼は青木に「三スラを登った」といえた喜びに溺れてしまっていて、青木がどんな気持ちで彼の言葉を聞いたか、などということには、まるで気が回らなかったのだった。

クライマーには、文章を書くのが好きな人が多い。大きな登攀のあとには、その記録を必ず山岳雑誌に発表する人もいる。森田はまるで正反対で、緑の会報にも書いたことがないが、ただ一度、この第三スラブの時だけは「谷川岳滝沢第三スラブ冬期初登――積雪期一ノ倉沢の黄金期の幕切れを拒否し続けた氷壁への挑戦」と題した文章を雑誌『岩と雪』に発表した。彼はこう書いている。

〈滝沢第三スラブを登ったんだという実感が、やっと満足感を伴ってわき上がってきた。あとはドーム壁を登って下山するだけだ。ドーム壁も十日前にトレースしている。今更、不安感などはなかった。滝沢第三スラブで完登の喜びをゆっくりと噛みしめて、いつまでもこうやって自分を一ノ倉沢の氷の世界に閉じこめておきたい気持ちが一杯であった。

午後三時十分、国境稜線にとび出る。さあ、これで全部が終わったんだ。まばゆいばかりの空の下で、一ノ倉岳をはじめ、上越の山々が私たちにねぎらいの言葉をかけてくれている。

早く下山して祝杯でもあげようと、GHM－Jの連中と天神尾根をかけ降りてケーブル駅に着く。最終まで少し時間があるので、ここでまずビールで乾杯とする。ビールのホロ苦さが私の鼻の奥をむずがゆくさせた〉

実はそのころ、浮かれ回る森田に、パートナー、岩沢の怒りに満ちた視線が投げられていたのだが、そんなことには一向お構いなしの、無邪気な喜びようである。

足が地につかないほどの浮かれ方は、東京に帰ってからもずっと続く。

山学同志会の坂口伊助、河鹿岳友会の中村千吉、雲表倶楽部の松本龍雄など、社会人山岳界の長老ともいうべき人々の会合に、得意満面で顔を出す。

「何しろスケールが大きいんですよ。要するに、ビシッとこう、氷なんです。足首が曲がらんような固い氷ですね。それを一気にやったんです」

長老たちは自慢話をニコニコと聞いていた。誰もが血気さかんで功名心にあふれた青春時代の思い出がある。つんのめっていくような若いクライマーの姿に、

――オレたちも昔は……、
という気持ちなのだ。青春時代、日本のロック・クライミングの記録に残る大登攀をやった者ばかりである。

温かい共感で聞いてもらっているのをいいことにして、しゃべりまくっているうちに彼は口を滑らせてしまった。腹のなかにあるものをストレートに出してしまうという、いつものことだ。

「松本さんも積雪期の滝沢下部なんかをやりましたね。しかし、あんなのは三スラに比べればちょろいんじゃないですか。何といったってスケールがずっとでっかいですからね」

ちょろいといわれた松本龍雄は、彼の目の前にいる。黙って聞いていた坂口伊助がスッと立ち上がると、

「黙れ、若造！」

というや、思いきり森田をなぐった。

「彼には、先輩の業績をけなすなんて気持ちはまったくなかったんです。しかし、第三スラブとはどういうものか、を完全に理解してもらおうと、苦心してしゃべっているうちにそういういい方になってしまったんです。これだけじゃない。まともにしゃべろうとすればするほど、話がまともでなくなってしまう。こうやって、人を怒らせたり、さもなければ、この男、まったくまともじゃないなと、自分自身を滑稽にしてしまうのです」

大野はそういう。

なぐられた森田はポカンとした。なぜ怒ったのか、のみ込めないのである。彼は自分自身のやったこと、自分が登った壁のことだけを話していたつもりなのに、この人はどうして突然怒り出したのだろうか——。

なぐられてなぐり返せばケンカになる。大先輩を相手にケンカしたら勝ち目はない、とそれだけは理解できて、彼はものもいわずその場から逃げ出した。

*

緑山岳会を去った時、森田は山行を記録するノートにこう書いた。

う。〈これからは友と一緒に自由に、人間と山に親しみ、事故のない、楽しい山行をしよう。

体力もだいぶ落ちたので、あくまで無理のないよう、怪我に気をつける。二十八歳十一カ月の今、体力はもう下降線をたどってきた。一にトレーニング、二にトレーニングと励み、厳冬の山に耐えられる体力をつけねばなるまい〉

森田をよく知る人たちは、これを哀切のメモと読む。

彼はそれまで、人や山に親しんでいるとはみえなかった。山は絶えず生と死を分ける、恐ろしく薄いナイフ・リッジを攀じるようなものだったし、本人の意志に反して、人になじむようなこともなかった。

パートナーだった青木敏はいう。

「彼と一日おきか二日おきに会っていたころは、私も仕事なんかそっちのけで山登りをしていたから、彼も私も、世間一般の生活からはみ出していたようなところがあった。彼は実に人がいい。底抜けにいいんだけれども、山では徹底的に山と自分のことしか考えない。その辺、何かひとつ、足りないところがあったのです。山に行っているのでそうなったのか、もともとそういう人間だから山に行くようになったのかわからないが、とにかく、世間一般には通用しない。山への一途さは大変なもので、技術は職人芸といっていいくらいだし、体力も凄かった。しかし、繰り返しになるが何かが欠けていたのです」

人間嫌いではけっしてない。それどころか、人と一緒ににぎやかに騒ぐのが何よりも好きである。岩沢英太郎とはじめて会った時、岩沢の趣味がダンスであると聞いて、

「ぜひ連れて行ってくれ」

と頼み込み、ダンスホールに通ったりしたこともある。

酒はあまり強くないが、飲むのは大好きだ。酔えば、ヨーデルやラテンの歌を何度も何度も歌う。いかにも陽気だから、同じ席にいる者まで明るくなってしまう。

山とは別に、都会の夜のにぎわいのなかで、友人たちと騒ぐのが無性に好きなのである。

その彼が、皮肉なことに、人となじむことは少なかった、と彼を知る人たちはいう。ひとつには、建前で語るということを知らず、常に本音ばかり語るから耳に痛い。

「人の気持ちを何と考えるのか」

と怒らせてしまうこともある。

さらに、人々は森田という人物の胸のなかにあいている、得体の知れない穴のようなものを見て思わず遠ざかるのだ。具体的にいえば、それは山へののめり込みであり、

そのあまりの激しさに、人は深い穴を見たような思いに立ちすくむのである。

その彼が、住み慣れた緑を去った日、

「これからは人と山に親しみたい」

と書いた。森田勝という人物を理解する人々は、それを哀切と読むのだった。

青木を失い、横田正利と別れた彼の前にいるのは、今、岩沢英太郎一人である。滝沢第三スラブを登ったあと、岩沢は森田の有頂天な言葉に怒り、猛吹雪の一ノ倉沢を指さして、

「これからもう一度登ろうじゃないか。オレ一人で登ってみせるからついてこい」

となじったが、ふだんはおとなしい、内向的な青年だ。にぎやかで外向的な森田にとってはうってつけのパートナーだった。かりに不向きなパートナーだとしても、さしあたり、彼にはザイルを結び合う友人はいなかった。一人で登るわけにもいかない。彼は、本質的に、単独行者ではなかったからである。

その点は、誰もが口を揃える。

「彼はもともと一人孤独に瞑想にふけるなんてタイプではない。山でも、誰か落ち着いた人がそばにいてくれないとヘマをやる、といったところがある。人がいいわりにはオッチョコチョイの面があるんです。衝立岩正面壁へ単独で行った時、取付の前で

落ちたのも、いくら自信があるからといって、薄く氷の張ったところでアイゼンをはいていなかったからだ。はいてさえいれば、どうということのないところでですよ。彼の場合、パートナーがいた方が、技術を十二分に発揮できる。そういう意味で、単独行には向いていないクライマーだったんです」（青木敏）

「安定したクライマーではない。気分によって凄くうまい時もあれば、意外にもろい時もある。ひとつにはルートの見方の失敗だろうと思います。世渡り下手というか、先を見る目がないというか、そういうところが山でもあった。ルートの見方がズバリと当たれば凄いことをやるけど、失敗するとダメなんです。すばらしい参謀がいて、それ行け、とやると先頭を切ってみごとに働くが、自分で作戦を練ってやるとなると弱点が出てしまうんです。

彼自身は単独行に憧れてはいた。しかし、淋しがり屋だからダメなんです。気質的にいって、単独行は合わなかったんじゃないでしょうか。誰かそばにいてくれないといけない。それに、個性、我の強いお山の大将だから、後輩を連れて歩きたかったんですが、早く緑を飛び出しちゃったから、それもできなくなってしまった……」（大野栄三郎）

緑山岳会には、立田実という単独行を好むクライマーがいた。会の正式山行にはもちろん加わるが、あとはいつも一人で黙々と岩壁を攀じている。昭和三十二年の四月四日から八日にかけて、東尾根、一ノ倉沢の一・二ノ沢中間リッジ、αルンゼ、南稜と、立て続けに一人で登った。このうち南稜は雪のある季節としては単独初登である。

厳冬の知床岳も一人で登ったこともある。二十歳の誕生日を一人で祝おうと思い立った山行で、この時、会報に発表したレポートは若い会員たちに愛読されたものだ。

馬ソリで羅臼の町につくとひどい吹雪になった。馬ソリを降りたところで、老人に、

「これからどこへ行くのだ」

と声をかけられる。

「山です」

と答えると、老人は声を高めて引き止めた。

「ここから先は人家がない。この雪ではすぐ死んでしまうぞ。今日はオレのところへ泊まっていけ。こんな雪のなかを出ていくより、炉端でゆっくり暖まって行った方がいい」

という。老人のうしろには、十六、七のかわいい娘が目を丸くして立っている。

立田は必死に断わって立ち去った。

――家に招じ入れられたら、山へ行く気持ちがくじけてしまう。

とこわかったからだ……。

一人っきりの冬山の苦労は筆舌を絶する。氷の壁を直登する代わりに、何百メートルも高巻きし、深いラッセルに苦しみながら下り、また登る。テントを張るのに半日もかかる。

森田も、立田の文章を読んで揺り動かされ、熱っぽく単独行を語った。

「一人で登れる腕のないのがパーティを組んで行くんだ。オレなら一人で行ける。やり方だって道具だって、いろいろ考えているんだ。見てろ、オレは一人でやるぞ……」

だが、衝立岩正面壁を単独で狙った時は、取付のずっと手前で滑落し、居合わせた他のパーティにかつがれて降りる、というヘマをやってしまった。

彼はあまりにも我が強過ぎて、そのため、組織を統率する素質に欠けていた。後輩を連れて行っても、ひたすら、

「オレについてこい。オレのやるようにやるんだ」

というだけである。集会では、

「仕事が何だ。山に仕事を合わせろ、それができないのは熱意が足りないせいだ。オレなんか、会社を辞めてやっているんだぞ」

などという。それを聞く後輩たちは、

「また森田さんのいつもの調子がはじまった」

と横を向くだけだ。

――あいつはリーダーにはなれないな。突撃隊長としては、あれほど強くて頼りになる男はいないのに……。

緑の幹部たちはそういって惜しんだ。惜しんだ、というより、とうに諦めていた。組織を率いるのが得手でなければ、立田のように、一人で吹雪のなかに立ち去っていけばよい。

ところが、森田はそれもできなかった。彼が、何よりも人恋いの思いに強くとらえられていたからである。人間嫌いで山へ逃げるのではない。彼を山へ駆り立てたのは、たとえば亡き母への思いであり、のちにそれは、まともな社会への激しい愛着が変形したものだった。彼は、まともな社会で何かを得たいと痛烈にのぞんだがそれがならず、そのため一層山にのめり込むのである。

皮肉なことに、彼の人恋いがつのればつのるほど、彼が描いたものは遠ざかっていった。

＊

四十二年二月、滝沢第三スラブを登ったあと、森田はこの年、山らしい山にはほとんど登っていない。丹沢に五回行ったほかは、鷹取山や三ツ峠でトレーニングをやっただけである。

その間彼は、猛烈な勢いで働いていた。金型作りの仕事にはすでに年季が入っている。このころには、臨時工ではなくて、半ば独立した、請負のようなかたちで仕事をしていた。

昼間そうやって働いたあとで、夜はキャバレーのボーイをやっている。何でも夢中になる方だから、夜の仕事も結構楽しんでいた。

「オレ、今、池袋のキャバレーでボーイをやっているんだ。最初のセット料金だけであとはいらないから遊びにこいよ」

青木にそんな電話をかけたりしている。青木が友人と行ってみると、なるほどセット料金だけですむ。追加のビールやオードブルは、他のテーブルへ行く分を、ボーイの森田がかすめてくるからである。

「な、いいだろ」

森田は得意げに、友人のテーブルへただの酒や食べ物を運んだ。

彼が昼と夜を通じて働き出したのは、一にも二にもカネが欲しかったからである。アコンカグア遠征に加われなくなった時、彼は酒を飲んでは誰彼の区別なくくだを巻いた。

「カネがあるからというだけで、あんな奴が行っていいのかよ。何もできやしないんだ」

「カネがなけりゃ、山の方でも有名にはなれないのか。そんなことがあっていいのか」

口惜しさのあまり、泣き出す姿を見た者もいる。

森田は大野に、

「オレ、有名になりたいんだ。そのためにでかいルートをやる。そうやって有名になれば、スポンサーがついて好きな山にも行けるだろう」

といった。しかし、その前にまずカネがいると知って、昼と夜と、つまり、人の二倍働くことを決心したのである。

もともと、怠け者だから仕事を捨てて山へ逃げたのではない。怠け者ならば、山など登りはしない。わずかなホールド、スタンスを求め、ハーケンを打ち、カラビナをかけ、アブミを取り付け、何センチずつか体をずり上げていく作業は、根っからの働き者にだけ可能である。

しかも、この作業は一文のカネにもならない。大きな代償を支払っても、何物も返ってこない無為徒労の行為だ。その種の行為に没頭できる人物は、本来、勤労をいとわない男のはずなのだった。

横田正利が回想する。

「あの当時の森田さんの働きぶりは、もう、猛烈でした。アコンカグアへ行けなかった反発で、それじゃあ日本で一番難しいところをやってやろうと三スラを登った。そのあとで、今度はカネを稼いで外国の山へ何としても行こうとなったわけです。よく、オレが一生懸命やればカネなんかいくらでも稼げるんだ、といっていましたが、事実稼いだんです。とにかくワーッという勢いで働いていましたよ」

もちろん、これで経済的にすっかり安定して、世間なみの三十歳になった、というわけではない。

新しいパートナー、岩沢と、冬山に備えて富士山へトレーニング山行に出かけた時のことだ。

一足先に富士吉田へ向かう森田から岩沢に電話がかかってきて、

「オレ、カネがねえんだ」

という。

「仕方ないから、とにかく先に行って富士吉田の駅で待っていて下さいよ。乗り越し分の汽車賃はぼくがなんとかしますから……」

岩沢はそう答えたが、富士吉田の駅に着いてみると、森田の姿が見えない。

――よく気の変わる人だから、急にくるのを止めたんだろう。

と考えて岩沢は一人で登って帰った。

あとでわかったのだが、森田は富士吉田の駅に着く前に無賃乗車を発見され、大騒ぎとなった末、東京に帰って乗り越し分を必ず送金する、ということで〝釈放〟されたのだという。

昼夜ぶっ通しで働きながら、背中に火のついたような生活は、依然として変わらなかったのである。

四十三年の新春、森田はノートにこう書いた。

「本年こそは最大にして最高の登攀ができますよう、神に祈る。一命を賭けても、いくつかの成功をなしとげたいと心に誓う……」

*

四十三年二月十八日、森田は岩沢と組んで谷川岳に入った。目標は烏帽子沢奥壁変形チムニー・ルートである。無雪期初登は十五年七月、丹羽正吉、川上晃良パーティ。積雪期は三十三年四月、吉尾弘、山口要パーティとされているが、条件の厳しい二月に登った記録はない。森田はこれを登って、厳冬期第一登とするつもりだった。

アイガー、マッターホルン、グランド・ジョラスとアルプス三つの壁を登ったクライマー、高田光政は、その著書『北壁の青春』のなかでこう書いている。

〈一九六五年、私は、

『この夏、アイガー北壁へ日本人クライマーが三十人は挑戦するだろう』

という情報を耳にした。これが私を、心の底までめちゃめちゃに刺激した……〉

四十二年には、小西政継、遠藤二郎、星野隆男の山学同志会隊が冬のマッターホルン北壁の登攀に成功した。スイス隊、ドイツ・オーストリア合同隊に次いで冬の第三登である。功名心にあふれる日本人クライマーの心は、すでにアルプスの壁に飛んでいたのだが、森田勝は依然として「四月ではない二月の初登」にこだわっていたのだ。

有名になりたいと思いつめ、いくら胸の底を焼いていても、彼にはスポンサーを見つけたり、著書を出版したりといった才覚はない。ない以上、国内の山にこだわり続けることしかできなかった。

森田と岩沢のパーティは、壁で二晩ビバークするという悪戦苦闘の末、変形チムニー・ルートの完登に成功した。

だが、たとえば第二次RCC編の『日本の岩場――グレードとルート図集』には、この記録は加えられていない。森田自身が、自分の山行記録ノートに「初登攀」と書き止めただけだった。

そのころ、岩沢の心は森田から離れはじめている。

岩沢が語る。

「三スラをやった時、すでにいい合いをしていたのですが、一、二回一緒に登っただけで、もう嫌になりかけていたのです。

何しろ、彼は自分のことしか考えていないように見える。常により困難なものをめざし、人間の限界を追求していく厳しい姿勢には打たれるし、技術はりっぱだが、一緒に登っていても、人間的なものに引かれるところがないのです。

いつもそばに誰かいないとさびしがる。みんなが、やあ森田さん、森田さんと持ち上げてくれるとご機嫌なのだが、そもそも、山を登ろうなどという人間はみなエゴイストなのです。ですから、衝突しないですむわけがない。

あの人は、会社でも山でも、他人とはうまくやっていけない人だった。私はそれが大変気の毒だと思います。みんなに相手にされないと、とたんにガックリきてしまうのです。

あれほど我の強い人とでは、登っていても楽しくない。折角苦労して登っても何にもならない。そう思って、ぼくの方から一緒に登るのを避けるようになったのです」

心は離れたのだが、二人の間での山行の計画はなお続いた。

「これをやれるのはオレたちだけなんだ」

という森田の情熱に押しきられてしまうのである。

四十三年の暮れから四十四年の正月にかけて、二人は大きな計画を作りあげた。穂高の屏風岩から滝谷を連続して登る、というもので日数は二十日間ほどを予定した。

日本製鋼所勤務の岩沢は森田とちがって、山を登るたびに会社を変わる、などということはしない。会社に有給休暇の申請もして、準備が進められた。

出発まであまり日もないある日、森田から岩沢に電話がかかってきた。

「オレ工場で指をつぶしちまったんだ。もうダメだ。あの計画はなしだ」

という。

岩沢は、当時、東京・馬込にあった森田の下宿へ飛んでいった。しょげきっている彼を、一人きりにはしておけなかったからである。

彼は涙ぐんでいた。怪我をした身の不運を嘆き、怪我をさせた工場を恨んだ。恨みの言葉はあとからあとから出てきて尽きることがない。

「まったく、どうしてオレはこうもついていないんだろう」

「あの時そばにいた奴がちゃんとしていれば怪我などせずにすんだ」

岩沢は聞いているうちに、自分のなかに、ある種の思いがこみ上げてくるのを感じる。それを確かめるには、何か勇気のようなものが必要だ、と思われたが、森田の言葉がちょっととぎれた時、彼は思いきって聞いてみた。

「森田さん、一言聞いていいかね」

「え、何だい」

「もしもだよ、立場を変えて、もしもぼくが怪我をして、山に行く計画がダメになったのだとしたら、森田さんはぼくを恨むかね」

森田は相手の顔をジロリと眺めて一気に答えた。

「恨むさ。もちろんだとも。オレは一生恨み続けるよ」

瞬間、岩沢は、

「ああ、これでダメだ」

と悟った。

――この人はダメな人間なんだ。山のことしか、考えていない。一緒に山に登る相手ではない。人間としてもう付き合えなくなってしまった……。

この怪我のあと、二人の仲は疎遠になった。森田自身は、岩沢のなかで何が起こったか、例によって知るはずもなかったが、岩沢はつとめて森田を避けた。山行の誘いがあっても断わり続けた。

*

毎年、十一月下旬から十二月上旬にかけて、谷川岳一ノ倉沢烏帽子沢奥壁に高さ一五〇メートルほどの大氷柱が出現する。稜線直下、傾斜四十五度ほどの草付から流れ出る水が凍って下へ下へと伸びていき、変形チムニー・ルートにみごとな氷の壁を作り出す。傾斜をならせば七十度くらいになろうか、草付や岩まじりの氷ではない。

滝沢第三スラブで名をあげたあと、森田はこの大氷柱を狙っていた。四十三年二月、変形チムニー・ルートを登った時も、実は大氷柱を落とすつもりだったのだが、この年、流れ出す水量が足りなくて、大氷柱にまでなっていなかったので断念した、といういきさつがある。

森田は大氷柱を登るパートナーに、かつて第三スラブをともに登った岩沢を選んだ。岩沢が、このところなぜ山行を断わり続けているかは知らない。しかし、大氷柱を登るには、どうあっても岩沢とザイルを組まねばならなかった。

森田の説得工作がはじまる。二度、三度と断わられても諦めなかった。

ほとんど連日、岩沢の勤務先に電話がかかってくる。相手の都合など一切構わず、十五分、二十分と話し続けてやまない。

森田は雄弁家ではなかった。酒が入るとにぎやかになるが、普段はむしろボソボソとした語り口だ。時には、声が低過ぎて、何をいっているのか聞き取れないこともある。

そういう口調で、熱心に岩沢を口説く。同じことを何度も何度も繰り返す。

「われわれはこの世に生きている間に、何かをしたいと思わないか。何かを残して死にたいじゃないか」

「大氷柱こそ、日本に残る最後の最後のバリエーション・ルートだ。これを登れば、毎年冬、大氷柱ができるたびにわれわれの名が繰り返されるんだ。今はこれしかないんだよ」

「これをやれるのは、オレとあんただけしかいない。ほかにはいないんだ。やろうじゃないか。生きている限り、自分たちの力を試そう。頼むから力を貸してくれ。あんたしかいないんだ」

説得は夏からはじまって秋一杯続き、冬になってもさらに続いた。

岩沢にしてみれば、

「ぼくを一生恨むかね」

と聞いた時、もはやこれまで、と決心をしている。にもかかわらず、その決心はついに突き崩された。

「じゃあ行こうか」

と答えてしまったのである。

岩沢がいう。

「不可能を可能にすることしか考えていない、どうしても登りたい、という執念にとうとう負けてしまったのです。あれほどはりつめた気持ちで山に向かって行った人はほかにいないんじゃないですか。あそこまでいくと、もうなみの人間ではない。

情熱をこめてくる日もくる日も誘われると、誘惑に負けてしまうんです。人を引き込んでいくような迫力がありました。

あとで考えたことですが、一流の登山家というのは、エゴイストといわれようと何といわれようと、山のことしか考えないのですね。あのあと、森田さんという人間がどう変わったかは知らないが、そういう登山家が、もし他人のことを考えるようになったら、もうおしまいということかもしれませんね。私は、相手への思いやりなどないころのことしか知りませんが……」

岩沢は、ひょっとすると、これが自分の力を試す最後のチャンスになるかもしれない、と考えて森田の申し出に応じた。

二人は大氷柱を前に三日間頑張る。攻撃を繰り返したが、どうにも突破口が開けない。変形チムニーから登っていって、大氷柱に取り付く部分が極度に悪いのだ。一週間はかかるルートだと覚悟していたが、最後、ハーケンが抜けて五、六メートルほど滑落する事故が発生し、断念した。

大氷柱は現在にいたるまで、誰にも登られていない。（注）

岩沢は四十五年に結婚、二児を得てロック・クライミングをやめた。森田のパートナーだった青木敏も、あれほど溺れていた山登りを諦める。父親が病気となり、一人息子の彼が水道工事の家業を支えなければならなくなったからである。青木が語る。

「もし私が自分の家の仕事でなく、森田みたいな立場だったら、果たしてあれだけ山へ行けたかどうかとなると、やはりわからない。

山に夢中になっている人間は、世間一般の生活に合わなくなってしまう。私自身、かつてはそうなんです。そういう人間が、ある時期、生活人としてのバランスを取り戻すのだが、そうでない人もいる。私は父の病気で仕事に戻り、森田は結局やり抜くのだが、正直いって、彼がうらやましいという気持ちはあります。やはり、山に思いは残りましたからね。ダウラギリなんか、本当に登りたい山だった……」

青木が去り、岩沢が退く。緑での理解者、大野栄三郎も、「義母を泣かすわけにはいかない」とザイルを解いた。

しかし、森田勝だけはやめない。彼は、鳥帽子沢奥壁大氷柱を依然として諦めていなかったし、

「外国の山へ行きたい」

という願望はいよいよ強い。

そのころ、彼に新しいパートナーができる。彼よりはるかに若い気鋭のクライマー、木村憲司らである。木村らとヨーロッパ・アルプスを語りつつ、彼は必死に働いていた。山に登るために、どうあってもカネが欲しかったのだった。

彼はこのころ、メモにこう書いている。

〈変形チムニー・ルートの厳冬期初登と、コップ正面二登に成功したが、物足りない。(これしか登れなかったのは) これも三十歳の年齢のせいか、それとも山を恐れているためなのか、今年こそ……〉

肉体がおとろえる時、精神はそれを補おうとより激しく燃えるのである。

(編注) ＝一九八二(昭和五十七)年、ＪＣＣの勝野惇司、菊地敏之が初登攀。

アイガー北壁

ジュネーブから国際列車をベルンで乗り換え、インターラーケンに近づくと、アルピニストでもツーリストでも、胸が高鳴ってくるのをおさえきれない。目にしみるような緑の丘の向こうに、ユングフラウ（四一五八メートル）が白く優雅な姿を現わすのである。

インターラーケンでもう一度乗り換えてグリンデルワルトへ。列車は深い谷に入り、約一時間で突如視界が開ける。視界の主役は、いうまでもなく、アイガー（三九七〇メートル）だ。

森田勝は、このグリンデルワルトの谷を、ヨーロッパのどこよりも愛した。それは単に、アイガーやシュレックホルン（四〇七八メートル）、ヴェッターホルン（三七〇一メートル）を眺められるから、というだけではない。

この谷には、何よりも深い安息がある。南側は、ベルナー・オーバーラント・アルプスの氷雪と岩でさえぎられているが、北斜面と西斜面はあくまでも平和で美しくて、牧場が広がっている。

全長四三五四メートルのリフトでフィルスト（二二〇〇メートル）へ登り、帰路は歩いて下る。目はどうしても、谷の対岸のベルナーオーバーラントの山々に奪われるが、足もとは、花の咲き乱れる牧場である。聞こえるのは、ゆるやかな斜面を渡っていく風のざわめきと、そして、カウベルの音だけだ。グリンデルワルトに近づくと、教会の鐘が谷間の透明な空気のなかで鳴っている。

森田は、安息に満ちあふれたこの村がすっかり気に入って、

「ここで暮らせないものかなあ」

とため息をついたこともある。

シャレー（山小舎）のテラスに一日坐っていても飽きることがない。山と谷は刻一刻と姿を変え、風は緑と、そしてさまざまな花の香りを運んでくる。眼前の山々を攀じるなどと考えない限り、ここは平和で安らかな谷なのだ。

グリンデルワルトには、古くてよい時代の、日本人の青春の記憶が刻み込まれている。一九一〇年夏、加賀正太郎がガイドのヘスラー父子とユングフラウに登り、一四年には辻村伊助がガイドを伴ってユングフラウ、メンヒを登った。二一年、槇有恒が

ガイドのフリッツ・アマター、フリッツ・シュトイリ、サミュエル・ブラバンドとアイガー東山稜を初登攀。三九年には、田口一郎、二郎兄弟がガイドのブラバンド、C・コフマンとともにグロース・シュレックホルンの北東壁初登に成功している。

ヨーロッパに留学した裕福な家庭の子弟による、グリンデルワルト・ロマンチシズムの時代である。

この青春物語の主人公たちは、客というよりも、友人としてガイドたちと親しんだ。ヨーロッパのアルパイン・ガイドは客に対して時には登山を教える教師ではあるが、あくまでも客に雇われた者としての分を守っている。使用人であり、被雇用者であり、食事の時はコックとなりウエーターとなり、客の面倒を見るのがガイドだ。この職業的伝統は現在も続いている。

そういうグリンデルワルトのガイドたちに、自分たちを友人として扱う東洋の良家の子弟は一種の驚きをもたらし、そして、当時、ヨーロッパの他の町や村では見ることの少なかった、ヨーロッパ人と東洋人の心の深い通い合いが生まれた。

のち、ベルン州の大臣になったブラバンドは、その著書『山案内人』のなかで次のように書いている。

〈スイスの登山ガイドは、雇い主を友人と呼ぶことが許されるだろうか。

日本の雇い主は、時がたつうちに、友人となって行った〉雇い主に仕え、厳しい山で体力を消耗するガイドにとって、日本人の客たちとの交友は、生涯忘れられぬ思い出となったのだった。

なかでも日本人と親しんだのは、槇有恒や浦松佐美太郎らと山行を重ねた名ガイド、エミール・シュトイリである。エミールはグリンデルワルトに客室十二だけのシャレーふうのホテル「ベルビュー」を経営し、第二次世界大戦後も日本人と変わらぬ友情を交歓した。一九七一年に死んだが、ホテル・ベルビューは三男エルネストが継ぎ、長女ハイジも七十を過ぎて健在。ホテルの裏手の、花で飾られた小さなシャレーに住んでいる。ツーリストたちが立ち止まってシャレーの窓の「ハイジ」の文字を見つけ、

「アルプスの少女のハイジの家だ!」

と喜ぶ、かわいらしいシャレーである。

ホテル・ベルビューには、今も年老いたガイドたちが集まってくる。そういう昔なじみと、夕食前のひととき、トランプで過ごすのがハイジの楽しみだ。バーの壁には、この家を訪れたアルピニスト、スキーヤー、ツーリストたちとシュトイリ一家の写真が一杯に飾られていて、そのなかで、若かったハイジが花のように笑っている。

ハイジの昔話はつきない。

「イチロウさん（田口一郎）は、ブラバンドの家に泊まっていたのですが、このバーにいた時間の方が多かったくらいなんですよ。明るくて礼儀正しい、それはすばらしい青年でしたわ。イチロウさんだけではない。日本からどなたかやってくると、この家が一度に明るくなったものでした。

日本人は何と魅力的な人々なのでしょう。父や私の知っている日本人は、すぐ打ちとけて古い友人のような付き合いがはじまるのですが、それでいて、人と人との、礼儀や心遣いを忘れない。それはもうやさしい人たちばかりでした。

これを見て下さい。槇さんが下さった著書（『山行』）です。本を持ってきて下さった時、槇さんはペンを取り出して、ここに、こんなに長い文章を書いてくれました。真心のこもった、すばらしい文章ですわ。父はいつも、いい方と友人になれた、一生のしあわせだといっていました」

けれども——とハイジはちょっと顔を曇らせた。

「時代が変わったのですね。このごろは、日本のアルピニストもここにあまりいらっしゃらなくなりました。ホテルに泊まって山へ登るというのは、もうファッショナブルではないのですね……」

ハイジのいう通り、時代は変わったのである。ただし、ほんの十年前にだ。

＊

昭和四十（一九六五）年、日本人としてはじめてマッターホルン北壁を登ったアルピニストであり画家、詩人である芳野満彦は、ホテル・ベルビューを愛し、エミール・シュトイリを愛し、しばしばこの宿に泊まり、あるいはバーで過ごした。

宿に置いてあるサイン帳には、

〈一九六三年七月六日、芳野満彦。ここに四十日間滞在する。目的はアイガーの北壁の登攀だ〉

と書いている。この時のパートナー、大倉大八はこう書いた。

〈アイガー北壁、私はこの念願を果すため、私の生活は変わり、家族と離別したこともあった。罪深いことだが、すべてが闘争であった……〉

森田勝がホキ勝の汚名を晴らすため、谷川岳一ノ倉沢の岩場で苦闘していたころ、彼とほぼ同世代のクライマーたちは、アルプスの三つの壁、すなわち、マッターホルン、アイガー、グランド・ジョラスでの、日本人としての夏期一番乗りに激しい功名心を燃やしていたのである。

三十一歳から三十三歳にかけて、芳野はありとあらゆるやり繰り算段をしてはグリンデルワルトに通い、アイガーを狙い続けたがいずれも失敗した。その間の悶えの思いが、ホテル・ベルビューのサイン帳に書かれている。

その果てに、一九六五年、彼は渡部恒明とザイルを組んでマッターホルン北壁の日本人第一登を果たし、グリンデルワルトにやってきた。サイン帳に得意の絵と文で、誇らかに勝利の一ページを書くつもりだったに違いないが、その一ページは書かれていない。

グリンデルワルトで一匹狼のクライマー、高田光政と出会い、芳野自身はアイガーをあきらめ、高田に渡部とザイルを組んで北壁を攻撃することをすすめる。

芳野はミュンヘン在住の渡部の婚約者、K・Kとグリンデルワルトで待ち合わせ、アイガー北壁がすんだあと、マッターホルンをのぞむ美しい湖、シュワルツゼー湖畔の教会で行なわれるはずの二人の結婚式に立ち会うつもりだった。

二人は頂上直下三〇〇メートルまで到達したが、ここで渡部が三、四〇メートル転落、重傷を負う。高田は渡部に一切のビバーク用装備、食糧を残し、残る三〇〇メートルを独力で登り、夜を徹してアルピグレンに下り、救援を求める。だが、渡部は北壁基部で凄惨な遺体となって発見された。

芳野の勝利は一転してパートナーの死という悲劇に変わった。ホテル・ベルビューのサイン帳の、一九六五年八月二十一日のページには次のような文章が残っている。

〈おそらく、グリンデルワルトには通算すれば百日は暮らしたろう……だけど、もう生涯、この地も、エミールの顔も、見ることはないだろう。わが親愛なる岳友、渡部恒明君がアイガー北壁に逝き、今は何も語りたくない……マッターホルン北壁の勇者、渡部君、グリンデルワルトに眠れ。おれたち山の友がいつもそばにいる……芳野満彦〉

〈八月十二日〜十五日にかけ、アイガー北壁を渡部君と登攀した。しかし彼は残念にも頂上直下約三〇〇メートルでスリップし、ついに遭難してしまった。でも、最後は彼の姿はないが、一緒に登ったような気がする。高田光政〉

〈良き山友達を、最も親しい人を失って五日目、かなしみと悔い……。でも、来夏は再び此処でドイツの苦労を楽しく語り合いましょう——北壁がよく見えるあの場所で。K・K〉

渡部とK・Kは、同じミュンヘンで働き、アルプスを登っていた。その二人を、シュワルツゼーの教会の前に立たせるという芳野のロマンチシズムは敗れた。

以後、現役のクライマーと呼べる人物で、エミールの宿のノートに記帳したのは、昭和四十三年の奥山章一人だけである。第二次RCCを作り、日本にアルパインガイド協会を組織した彼は、マッターホルン北壁を登ったあとグリンデルワルトに立ち寄ったもので、短い文章の最後に、次のように書き添えている。

〈日本人登山家たちよ、アイガーに悲しい登山史を残すな。エミールのごとく、事故なく山を登れ〉

その奥山は、四年後、ガンを病み、自ら命を絶った。

奥山のあとには、現役クライマーの記帳はない。一九一〇年代から延々と続いていたエミール・シュトイリ一家と日本人クライマーの友情の歴史はまさに終わろうとしている。芳野たちのロマンチシズムを最後に、時代は変わったのだ。

老いたハイジは、日本人が店を訪ね、そして去る時につい涙ぐんでしまう。彼女にとって、日本人アルピニストの姿は彼女自身の青春の記念碑なのだが、彼らがやってくることもめっきり少なくなった。

「ホテルに泊まって山を登るのはファッショナブルではなくなったのでしょう」

ハイジはそういって声をしめらせた。

そういうグリンデルワルトに、森田勝は同世代より七、八年遅れてやってきた。すでに三十三歳である。

滝沢第三スラブを登った森田のパートナー、岩沢英太郎は、翌年夏、ヨーロッパ・アルプスへ行き、三カ月半滞在。その間にグランド・ジョラスのウォーカー側稜、ツール・ロンド、エギーユ・ド・ビオナセイの北壁、ダン・デュ・ジェアン、エギーユ・デュ・ミディの南壁などを登った。青木に次いで岩沢にも去られた森田は新しいパートナーを探さねばならなかった。

*

青木は五歳、岩沢は三歳、彼より若い。すでに三十歳を越えた森田が新しいパートナーを探すとなると、当然、さらに若いクライマーということになる。

その彼の前に、天才的なクライマーが現われた。木村憲司である。

昭和二十一年生まれ。高校時代から恋峰山岳会に所属し、四十年、日大理工学部在学中に、加藤滝男が中心となって作ったＪＥＣＣ（ジャパン・エキスパート・クライマーズ・クラブ）に参加した。ＪＥＣＣはその名の通り、滝男、保男の加藤兄弟、根岸知、毛束武夫、新倉寿行など岩登りの名手といわれるメンバーを揃えた、行動的な集団である。加藤滝男自身はこの会の性格をこういっている。

〈岩登りの多い山行も、私のプランに皆喜んで飛びついてくれたこともあり、山行はつねに新しい方法を取り入れた。一部の登山家から『JECCとは野犬の集まりである』といわれたりしたが、絶えずクサリにつながれた血統書付きの名犬ではなくとも、いつものんびりと自由に行動でき、いつも仲間で解決していくだけの強い信念を持ち、個々の持つ素質を十分のばしていけるグループであれば、その野性的行動的性格をなんと評されても一向に気にならなかった〉（加藤滝男『赤い岩壁』から）

四十二年夏、今井通子を隊長とする東京女子医大ヨーロッパ・アルプス高所医学登山遠征隊に、木村は加藤らと加わる。七人の隊員のうち、女子医大OGの今井通子、学生の小原和子、吉田聡子はJECCのメンバーであり、同じくメンバーの加藤、木村、若山美子と六人までがJECCに所属する隊だった。

この隊は、マッターホルン北壁、モンテ・ローザ、モン・ブラン、エギーユ・デュ・ミディ南壁などを次々に登る。

さらに木村は、四十四年夏にもヨーロッパへ飛び、グランド・ジョラス・ウォーカー側稜、アイガー北壁に成功した。ガッチリとたくましい体格、タフでしかもズバ抜けたカンも持っている。いかにも森田好みの、すぐれたクライマーである。

木村が語る。

「森田さんが緑にいたころから、谷川や穂高で何度も会っているんです。緑の森田といえばもう有名だし、名前も知っていた。そのあと、滝沢第三スラブをやった時も、降りてきた森田さんと下で会いました。三スラへ出かける前、ふっ飛ばされるような雪崩はけっして出ない、必ず登ってくるから見てろよ、なんていっていました。

はじめてザイルを組んだのは谷川岳コップ状岩壁緑ルート（四十三年三月）だったと思います。あの人は、シャバにいる時と違って、山に入ると物凄く慎重なんですよ。こっちが面倒くさくなるくらいで。パートナーのぼくが若かったから、そういうふうにしてくれたのかもしれませんけどね。

それから、実に強い人で、あの強さにはびっくりしました。ぼくがトップでハングを登ったら、お前は弱いからまだダメだ、次はオレがやる、なんていわれましたよ」

若い天才クライマーの目にうつった森田の像は、青木や岩沢が見たそれとは大分ちがっている。あるいは、森田のなかで起こりつつあった変化に二人は気づかず、九歳も年下の木村はもともとあったものとしてその変化を見ていたのかもしれなかった。

森田は、木村と前後して知り合った岡部勝、羽鳥裕治、小見山哲雄ら若いクライマーたちの前で、しきりに、

「オレはアコンカグアに行こうと思っていたのだが行けなかった。何とか外国の山に行きたい」

と繰り返す。カネを貯めるために、猛然と働いていたころである。四十四年夏、木村は岡部、友田政夫とともにヨーロッパへ行き、ウォーカー側稜とアイガー北壁を登った。二人の間で、

「これなら、冬もやれるな」

と話が持ち上がる。話が出ると同時に、森田の存在のことが意識にのぼった、と岡部はいう。

岡部はそのままヨーロッパに残り、木村は帰国する。かなり急だが、話はどんどんまとまった。メンバーは森田、木村、岡部のほか、森田が四十四年三月、谷川岳コップ状岩壁正面ダイレクト・ルートを一緒に登った小見山に、羽鳥を加えた五人。

冬のアイガー北壁ノーマル・ルートは、一九六一年、トニー・ヒーベラーら四人のパーティによって初登攀されて以来、誰も登っていない。登れば第二登だし、もちろん日本人としてははじめてである。森田はこれにマッターホルン北壁、グランド・ジョラス・ウォーカー側稜を合わせ、三大北壁をひと冬でやってしまおうと提案した。

人がすでにやってしまったことをやるのでは意味がない。人より遅れてアルプスを登る森田は、どうあっても「初」の字が欲しかったのだった。

木村がいう。

「ひとつ終わったら、どんどん次へ行こうというんです。途中で何人かは凍傷でやられるだろう。しかし、程度にもよるが、やられた者はメンバーから外して次へ行こうと。ぼくらも若かったから……。

ただ、森田さんが一番行きたかったのは、グランド・ジョラスでした。しきりに行きたがっていました。けれども、まず近いところからというわけでアイガーを登り、それからグランド・ジョラスへ、という計画だった」

ザイルのトップは、その時の実力からいって、木村以外にはいない。計画を練ったのも、資金面で奔走したのも若い木村だったが、彼は、

「隊長はやっぱり森田さんだよ」

と主張し、この隊は「冬期欧州アルプス登攀隊・森田勝隊長」と名づけられた。

「森田隊」となったのは、

「木村のやさしさなんですよ。彼にはそうやって人をたてる、やさしいところがあるんです」

と岡部はいっている。

無賃乗車で追われる目に遭いながら、ほとんど毎週末、谷川岳へ通い、そして、ヒマラヤやアルプスの岩壁を心のなかで追っていた森田の夢が、ついに十歳近くも若い

パートナーたちとの協力で実現した。しかも、木村に代表されるように、森田勝というクライマーの実力を十分に評価し、その上、やさしさまで持ったパートナーを得たのである。

彼はこのあと、次々に若い仲間を得ていく。彼らのほとんどは、ファンといってもいい存在となるのだが、それはのちの話だ。

出発前、森田は雑誌のインタビューに答えてこう語っている。

——成算は？

「精一杯ぶつかるだけ。運がよければ成功するだろう。天候が一番大きい」

——個人として、また隊長としてどんな気持ちか。

「スケールは大きいが、日本の岩壁と同じような気持ちでいる。隊長としては、全員が無事に成功するとよいと思っている」

——どれがもっとも困難と考えているか。

「グランド・ジョラスが一番だと思う」

——今度のプランが成功したら次はどこへ行きたいか。

「ヒマラヤもやりたいが、パタゴニアをやりたい。パタゴニアには、トーレなど未知なところがある」

——ヒマラヤならどんな山が目標になるか。

「難しいところがいい」

——山登りはどんな登り方が好きか。岩登りしかやらないのか。

「オールラウンドな山登りが好きだ。何でもいい。ただ、夏は人が多いので冬の山の方が好きだ」

——直登についてどう思うか。

「直登はあまり好きではない。機械や物量をたのんで登るより、山登りは自分自身と自然との闘いが本当の姿ではないか、自分はそう思っている」

——登山家ではどんな人を尊敬しているか。

「ヘルマン・ブールのように、好きな山に賭けている人」(『山と溪谷』四十五年一月号から)

四十四年十一月二十九日、ヨーロッパ滞在中の岡部をのぞく森田隊の四人は、エール・フランス機で羽田を発った。一人四十万円の負担金をギリギリに工面しての出発だが、ふところのなかはどうあれ、三十二歳ではじめてのアルプスである。

緑山岳会の先輩である大野栄三郎は一行を羽田に見送った。笑み崩れる森田の顔を眺めながら、

――山へ行きたい一念を貫いて、ついにここまできたのか……。

大野は夢を見ているような気持ちだった。

＊

この冬、アイガーの北壁には、もうひとつの日本人パーティが取り付いている。冬期直登の初登攀を狙う遠藤二郎ら山学同志会隊である。ふたつのパーティは、ほぼ同時に、一方はノーマル・ルート、一方はディレッティシマ（直登）とふたつのルートからアイガーの頂上を目指すことになった。

「因縁のようなものを感じてしまうのですが……」

フリー・ランスのカメラマン、赤松威善がいう。

「私はこの時が森田とは初対面です。これを皮切りに、私は四度、外国の山で彼と一緒になるのですが、どういうわけか彼には事故やトラブルがついて回った。四度ともそうなのです」

赤松は昭和三十六年、明大卒。明大山岳部ＯＢ。山岳関係はじめドキュメンタリーの仕事が多く、この時も山学同志会隊の行動をテレビ用ドキュメント映画にするため同行していた。

赤松が明大の山岳部にいたころ、大学山岳部はみなヒマラヤを目指していて、岩壁を狙う町の山岳会とはまったく違う方向にあった。特に、明治、慶応、早稲田、日大などではその方向をはっきり打ち出しており、集団の組織プレーで前進キャンプを進めて行く極地法がもっぱらだった。あらかじめ定めた運行表によって、重い荷物を担いでキャンプを往復する――赤松たちにとって、登山とはつまりそういうことであり、それ以外にはなかった。

遭難救助、遺体引き下ろしというと「それきた」と飛び出して行く緑山岳会などは「サルベージ屋」であって、同じアルピニズムの仲間という共感はないにひとしい。そこに流れる感情は黙殺、ないし軽蔑に近かった。

その緑出身の森田の名はかねて知っている。

「同じところに登るのだから……」

とクライネシャイデックの駅のレストランで両パーティが顔合わせをやった時、赤松は「おやっ」と首をひねった。

森田が、

「こんな壁登れないはずがない。必ず登れる」

といった意味のことをいっている。言葉にすると、ひどく思い上がりの匂いが強いのだが、どういうわけかそうは響かない。口ごもりがちで、トツトツしており、意味がなかなか聞き取りにくい。

そのくせ、必ず登るんだ、という強烈な意志力だけは伝わってくるのだ。

その話しぶりとは別に、

——この男の表情を追って行ったら、いい絵になるな、と思う。筋肉質で余分な肉というものがない。何よりいいのは目だ。

——いい光り方をしている。いつか、この男を撮れるといいんだが……。

カメラマンはそう考えた。

森田と赤松の付き合いがはじまる。二人はたちまち親しくなり、一歳年上の赤松は「おい、勝」と遠慮なく呼んだ。森田の方は「赤松っちゃん」である。

天気が悪くて両パーティとも「停滞」ときまると「じゃあ飲むか」となる。試登して降りてくれば「やれやれ、どうだ一杯」といった具合いだ。

クライネシャイデックで飲むだけでは足りず、グリンデルワルト、さらにインターラーケンまで繰り出して派手に騒いだ。

騒ぐたびに、

——あの野郎、はじめての外国で、しかもドイツ語もフランス語もダメなはずなの

に、一体どうして……、
　と不思議で仕方ない。

　グリンデルワルトでは、アイガーを登りにくるほどのアルピニストは、無条件で敬意と親しみをもって迎えられる。そういう下地があるから、村の人々の間に入りやすいとはいえるのだが、森田の場合は一般的な水準を越えている。

　周りをスイス人たちに囲まれて、

「どんどん飲めよ」

　と堂々の国際親善ぶりなのだ。文章になるほどのドイツ語など話せるわけがないのに、周囲をドッと笑わせたりしている。そうかと思うと、バンドに演奏を命じて歌い出す。ラテンの曲などを歌い出すと、低いが張りのあるいい声で、ふだんのボソボソした話しぶりとは別人のようになってしまう。

——あの男には、人と心を通じ合うという、妙な才能があるのかもしれない。

　赤松はそう考えた。

　そんなふうに豪快に遊びながら、森田はトレーニングは欠かさない。自分に思いきり大きな負荷を与えて、じっと耐えているといった風情の、同年輩の男が見ていて胸の痛くなるような打ち込み方だった。

——三十過ぎて、少年のようにひたむきな男だ。

赤松は森田という人物がすっかり気に入ってしまった。

遅れてはきたが、森田のアルプス生活はこうして楽しくはじまった。

山学同志会パーティとは打ちとけた関係で、こういう場合、往々にして起こりがちな、功名争いが昂じての角突き合いなどもなかった。同志会パーティの隊長、遠藤はこの山行のレポート『北壁の四十三日』のなかで「アイガーの戦友たち」のことをこう書いている。

〈私たちのあとからやってきた森田パーティはすでに行動をはじめていた。森田パーティはひと冬に三大北壁を全部登ってしまおうというおそるべきプランで、最初にこのアイガーにやってきたのだった。この遠大な計画は日本のクライマーたちを驚かせたが、彼らの実力を知る人たちは、この企てがけっして可能性のない賭だとは思っていなかった。

（略）

この強力なパーティの出現に、私たちは日本を出る前に、よく『すごい競争相手が現われたね』といわれた。しかし私たちは競争しようなどとは考えていなかった。登るルートが違い、形式も違う。たとえ同時に同じところを登ることになっても、なにも問題はなかった。冬のアルプスは夏とは比較にならぬくらい淋しい。だから、私たちのほかにアイガーを狙う日本人のパーティが一組ぐらいあるほうが楽しいとさえ思っていた……〉

森田は、反目し合ってもおかしくない同志会パーティに好かれている。グリンデルワルトでは、スイス人に囲まれて大笑いのパーティもやった。

前途に不運の影など、少なくともこの時には見えない。赤松がいったような、以後四度の外国遠征でいずれもぶつかることになる、悲運、事故の影が、である。

*

一月十八日、森田ら五人はグリンデルワルトに借りた家を出て登山電車でアイガーグレッチャーへ向かう。グリンデルワルトで知り合ったスイスの女性たちが、アイガーグレッチャーまで同行して見送った。

十九日、アイガーグレッチャーから北壁に取り付いて登攀開始。第一日は「赤い壁」下でビバークする。クライネシャイデックで同志会隊が本部としているホテルには、木村の知人でマネージャー役をつとめる館野喜治が待機した。トランシーバーで岩壁と交信し、連絡に当たるという任務だ。

二十日は「氷の管」を三ピッチ登ったところでビバーク。二十一日は第二雪田の約三分の二あたりでツェルトを張る。この三日間は毎日晴れだった。二十二日「死のビバーク」まで。曇りのち小雪、強風。二十三日、同様の天候。ノーマル・ルート中、もっとも困難な「ランペ」を登り、二人で精一杯のテラスに五人つめ込んで不安なビバーク。

二十四日、曇りのち雪、強風。ランペ雪田から「もろいバンド」「もろいクラック」「神々のトラバース」でビバーク。

ザイルのトップは木村、セカンドが岡部。時折、岡部がトップを交代することもあったが、夏に登っているこの二人がぐんぐんルートを拓いていった。

森田はパーティの中央に位置して上下に目を配っている。

岡部が語る。

「森田さんとはアイガーではじめてザイルを組んだのだが、あんなに強い人間にぼくは会ったことがない。

木村は慎重というが、ぼくにはすばらしく大胆な人に見えた。何よりも、山では生き生きとして見える。体の動くまま、といった登り方で、考えるよりまず行動する。行動していなければ気がすまないという人なのだろう。

アイガー北壁（写真＝大野 崇）

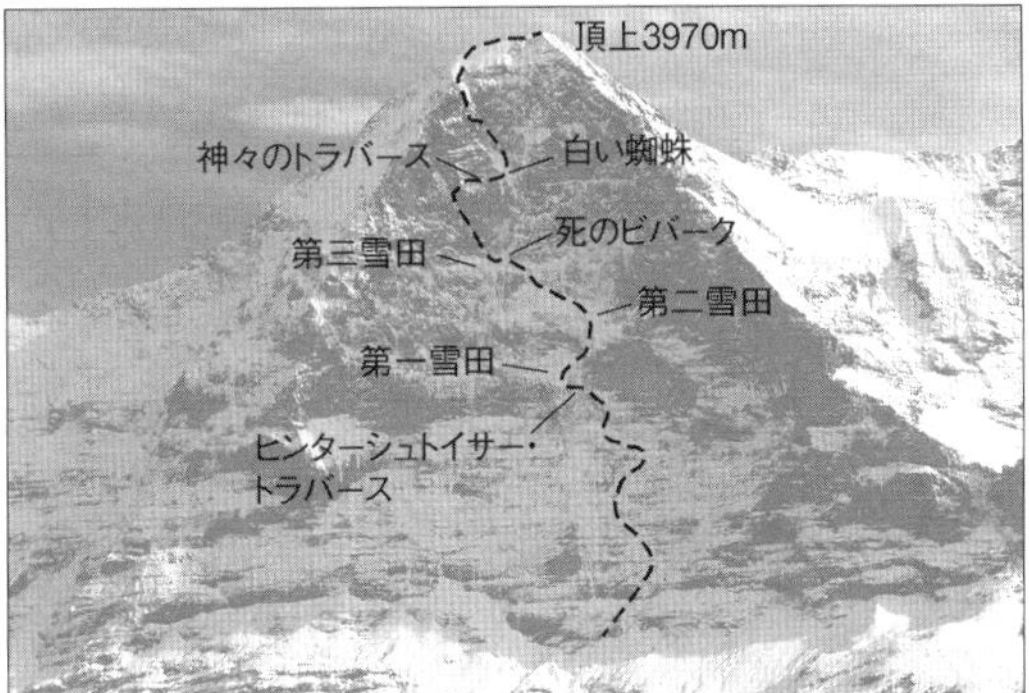

アイガー北壁の初登ルート（ヘックマイヤー・ルート）

山以外の、世間的なことでいろいろいう人もいるそうだが、あるいは、一般社会では、あの生気に満ちた大胆さが出せない人だったのかもしれない」

取り付いて三日間晴れたあとは、天候は悪化する一方だった。クライネシャイデックにある同志会隊の強力な受信機のおかげで交信していたが、それも荒れ狂う天候にさまたげられて思うようにいかない。

二十四日午後三時ごろ、「白いクモ」から「頂上への割れ目」を目指す四ピッチ目、苦闘していたトップの木村が落ちた。ビレイ（確保）用に打っていたハーケンが抜け、木村の体は数メートル下の岩に叩きつけられる。頂上まで、あと三〇〇メートルの地点だった。

木村はしきりに左足首の痛みを訴える。骨折していることは間違いない。骨折は、すなわち危険な凍傷に直結する。痛みとともに、「寒い」といいはじめた。意識はしっかりしているのだが、激痛が襲うのだ。

動かすとひどく痛がるので、苦心してテラスを切り開き、その場にビバーク・サイトを作る。森田は九歳年下の木村のそばに身を寄せると、泣きはじめた。

岡部はこの光景に息をのんだ、という。

「ぼくは、森田さんという人は、遮二無二山のことだけを考える、変ないい方だが動物的な人だとばかり思っていた。

それが何ということか、オロオロ泣き出したのです。泣きながら、こういいました。木村よ、もしお前がダメになるようなら、オレもここで一緒に死ぬ。いいな、オレはお前と一緒に死ぬぞ。あと少しだ。オレが担ぎ上げてやる。もしそれができないのなら、みんな揃って上に上がってくれ。オレだけ残って木村を最後まで守ってやる……。

ぼくは、感動しました。森田さんとはこういう人だったのかと……」

森田はかつて、

「パートナーが落ちて、自分の体がザイルで締められて、このままでは自分が死ぬしかないとわかったらどうするか」

という仲間のおしゃべりに首を突っ込んで、こういっている。

「オレならザイルを切ってしまうよ。そのために、壁ではポケットにいつもナイフを入れているんだ」

彼はいつも、本音しか語らなかった。他人がどう思うか、という配慮は彼の習慣にはない。だから「ザイルを切る」というのも、正真正銘の本音である。彼は、まともにそう考えていた。

「山をいつまでも登り続けたい。そのためには生きのびるのだ」

という選択である。

だが自身は、自分の内部に思いもかけぬ衝動がひそんでいるのを知らなかった。その衝動が、風雪のアイガー北壁で爆発したのだった。

実質上のリーダーは木村だったとはいえ、森田には隊長という肩書きがある。その隊長が部下の事故にオロオロ泣き出すとは醜態以外の何物でもない。

だが岡部は、木村に寄りそって泣いている森田の姿を見て激しく感動した。

彼は、その不思議な感動を理屈ではうまく表現できない。あるいは、目の前で、たとえようもなく無垢なものを見た、ということだったかもしれない。

少年のころから、山登りという徒労の行為に一途に打ち込んできたこの人物は、三十歳を過ぎてなお世俗的な生活になじむことができなかった。世俗の側からみれば、それはすでに脱落の存在である。おろかなはみ出し者でしかない。

その人物は、世俗から離れたところに立って、自分のなかに自らも気づかぬ衝動を抱え込んでいたのだった。

＊

激情が去ったあと、森田はいった。

「木村はしっかりしている。オレたち四人はもっとしっかりしている。稜線まであと少しだ。オレと岡部で交代で背負って、木村を担ぎ上げよう。必ずできる」

岡部も異議はなかった。彼がしきりに考えていたのは、スイス山岳会、スイス山岳救助隊に救援を求めた場合のことだ。

一九五七年、イタリアのクラウディオ・コルティが、木村とほぼ同じ地点で転落事故を起こしたことがある。ここまできたら、下降は絶対に不可能で、稜線へ抜ける以外ない。自力で登れないコルティのために、ヨーロッパの一流ガイド、クライマーによる史上最大の救出作戦が組織され、ウインチ、ワイヤーなど大がかりな機械も投入された。作戦は成功し、腕利きのガイド、クライマーたちの決死的作業が賞讃されたのだが、あとでコルティはもう一度、ひどい苦しみを味わうことになる。

大作戦に要した膨大な費用のつけが回ってきたからである。

森田隊といわず、自力でヨーロッパにやってくる日本人パーティは、例外なく貧しい。カツカツのカネでやってくる者ばかりだ。いくらかかるかわからない、遭難救助用資金など用意してくるはずがない。

岡部にしろ、森田にしろ、とっさに考えたのは、コルティのケースだった。

午後六時、トランシーバーを通じて森田の声が同志会隊の受信機にとらえられる。事故発生を知った同志会隊は直ちに森田隊のマネージャー館野と対策の検討をはじめた。同志会隊も反射的にコルティの前例を思い出している。

同志会隊は、すべての登攀活動を中止して自力で森田隊の救出活動を行なう。具体的には、ヘリコプターをチャーターして山頂に登り、そこから救出に当たる、と方針を決めたが、地元に内緒で作業するわけにはいかない。連絡すれば救助隊が出動することは目に見えている。しかし、地元を無視して独自の救出活動をやることはどうしてもできなかった。

グリンデルワルト警察署長、S・クルツに連絡が取られる。間もなく、

「救助はわれわれがガイドを三十人集めて行う。人手が足りなければ日本パーティにも手伝ってもらうから待機しているように」

との連絡が届いた。折り返し、トランシーバーで森田パーティにそのむね伝えられる。岡部は、あとのことを思って、救助隊の手を借りることは気が進まなかったが、森田はポツリといった。

「木村の命が大事なんだ。まかせよう」

二十六日、二機のヘリコプターが出て、人員と資材をアイガー山頂に運び上げる。

ふところの淋しいクライマーの、骨身を削るような爆音が響く。

午後二時、ガイドと医師が二本のワイヤーに吊り下がって現場へ下降した。木村の体が背負子でガイドに背負われる。ウインチで吊り上げがはじまった時、森田はまた泣いた。

「オレたちはすぐ登り切るからな。安心して病院で待ってろよ」

涙声で元気づけられた木村は、背負子の上から声を返した。

「岡部、こっちのルートにスタンスがあるぞ。雪が少ないのはあっちだからな」

残された四人の頭上に、岩壁を吊り上げられる救助隊員の足もとから、落石が降りかかっていた。

その夜は、問題のコルティが救助を待って夜を過ごした「コルティ・ビバーク」でビバーク。翌日は朝からひどい風雪となる。「頂上への割れ目」をひっきりなしにチリ雪崩が襲った。頂上まで十二ピッチ。雪崩でいつ岩壁から吹っ飛ばされるかわからない。岡部は、

「泳ぐようにして登った」

という。

午後二時、頂上。前日、ヘリコプターで到着、ビバークした同志会の隊員たちが森

田隊の下山をサポートするために待っていてくれた。

三時近く、下降開始。北西稜の肩にかかるころ、日が暮れ、アイガーグレッチャーに着いたのは午前零時十五分。クライネシャイデックの同志会隊のホテルで、館野が登攀成功を祝うために食べ物や飲み物を用意して待っていた。

飲みはじめて一時間ほどしたところ、森田が、

「オレ、風呂に入れてもらうよ」

と立ち上がる。森田抜きで、さらに一時間ほどしゃべった時、誰かが、

「森田さんはどうしたんだろう」

と叫んだ。岡部らは同志会隊のメンバーと一緒にバスルームに走る。ドアを開けると、森田はバス・タブのなかで死んだように眠っていた。

四人は夜が明けるとインターラーケンへ降りて入院している木村を見舞った。家を借りて、事故の事後処理がすむまで待機することになる。問題は、あとふたつの壁をどうするかだ。四人とも、体はひどくは傷めつけられていない。

「グランド・ジョラスはやれるだろうな」

「マッターホルンだって登れるよ」

「しかし、木村の足はかなり悪くて入院が長引きそうだぞ」

「誰か、ついていなけりゃな」

そんな議論に簡単にピリオドが打たれる。救助隊から届いた救助費用の総額は円にしてざっと二五〇万円。このうち、五〇万円相当はスイス山岳会が負担すると申し出たが、なお二〇〇万円を支払わねばならない。

もう「あとふたつ」どころではなかった。東京に連絡して、何とか二〇〇万円を借り集める工面をしなければならないが、そのカネが届くまで、食いつなぐだけで森田隊の財布の中身がカラになりかねない。四人は諦めざるをえなかった。

一カ月半後、帰国することになった時、すべてを清算すると、岡部の帰国の費用まで手が回らないことがわかる。前年、スイスの牧場で働いた岡部は、やむをえず今度も居残ることにして、きた時同様、森田隊は四人でヨーロッパを去った。

赤松のいう「四度が四度とも」の事故、トラブルの第一回は、こうして起こり、終わったのだった。三大北壁の夢は第一の壁で挫折し、あとには借金が残る。

＊

昭和四十六年のはじめ、第二次ＲＣＣの奥山章から、東京・新橋で登山用具店「シャモニ」を経営する堀田弘司のところへ、ひどくせっかちな電話がかかってきた。

「前から話していたあれな、いよいよ作ろうじゃないか。プロのガイド協会だよ。すぐ準備をはじめよう。設立趣意書はオレが書く」

堀田も第二次RCC同人で、フェルス登攀会を作り、ヒンズー・クシュに遠征したこともある。その堀田が事務局役となって呼びかけたところ、大倉大八、小森康行、加藤滝男、高田光政、橋村一豊、古川純一、芳野満彦、湯浅道男、青木洋ら二十八人が集まった。話はバタバタと進んで、その年の四月十三日には、もう旗上げパーティの運びとなる。

いい出した奥山は専務理事、堀田は事務局長、理事。名称は日本アルパインガイド協会。文筆家の奥山は創立の言葉を、

「いま私たちは、おくればせながら日本のアルピニズムにプロフェッショナルな社会を創立し、空白を埋めるべく結集しました」

と一気に書き下ろした。

この時、堀田は、

――そうだ、あの男には当然、声をかけなけりゃ、

と森田の顔を思い浮かべている。

当時、森田は三十四歳。堀田は彼より二歳年長だが、その山歴は同じクライマーと

して「尊敬に値する」と考えていた。特に話し込んだことはないが、山岳関係の出版記念会などの会合で何度か顔を合わせたことがある。

——彼なら適任だ。三十四歳という年齢からいっても、そろそろ人に教える側に回ってておかしくない。噂では、転々と職場を変わっているそうだし、話をすれば当然乗ってくるだろう。これはそういう男にはふさわしい仕事になるはずだ。

堀田はそう考えた。

奥山は、このアルパインガイド協会設立の話より早く、エベレストへ第二次RCCの遠征隊を送る計画で動いていた。その準備のための何回目かの会合が三ツ峠で開かれた時、堀田はたまたまそこに遊びにきていた森田の姿を見つける。

「プロの協会ができるんだけど、どうかね」

と持ちかけると、案の定、

「うん」

と乗ってきた。

堀田はこれで話がきまったと考え、名簿に彼の名前を加え、印刷にも回す。しばらくして、森田から電話がかかってきた。

「堀田さん、悪いけどオレ、協会に入るのはやめにしたよ」

という。

「そりゃどういうわけかね」

「オレやっぱりね、まだまだ自分の山登りがしたいんだ。ガイドになったらそっちの方に時間を取られるし、行きたいところへ、行きたい時に行けなくなるだろう。だから、やめとくよ」

とっさに堀田は、

——この男はまだそんなことを……、

と感じた。それはもう一種のショックだった、という。

「あれだけ登っていて、彼はまだ情熱を燃やしつくしていない、ということに正直いって感動したのです。ヨーロッパでいえば、テレイとかボナッティなど、ガイドの資格を持ち、ガイド組合に入っているが、そういう仕事をしながら、もっとも力を打ち込んだのは、やはり自分自身の山登りだった。森田も同じことをいう。彼はそういう男だったのか、三十四歳でまだまだ登り続け、自分の山を追求するつもりなのかとびっくりしたし、りっぱなものだと再認識しましたね。そこまでいう男を無理に誘ったりしない方がいい、いずれ、入ることもあるだろう、と思ってすぐ名前を削りました」

そうやって堀田を感動させた森田は、それからわずか一年後、また電話をかけてきて「協会に入れてくれ」という。

「あの時は断ったのにどうしたのかね。あの返事でオレはすっかりお前を見直したのに……」

というが笑って答えない。

そのころ、森田は恋をしていた。

＊

律子は昭和二十五年生まれ。秋田県出身で、秋田のカトリック系ミッション・スクール、聖園短大を出てすぐ神奈川県藤沢市にある同系統の聖園女学院付属幼稚園の先生になった。色白で、ほっそりした美人である。

藤沢市内のアパート住まいだが、近所でいつも子供たちを集めてサッカーを教えている男がいる。公園、小学校の校庭、その辺の露地など、ボールを蹴る音がするところにはいつもその男がいた。

彼はどんな時でもこわいくらい真剣な目をしていた。遊び半分とはけっして見えない。何か思いつめたような真剣さでボールを追っている。雨の日は、自分自身がドロンコの姿だ。

——こんな人がほかにいるかしら。私だって、子供たちと一生懸命遊んでもあそこまではやれないわ。

律子はそう思った。

子供にサッカー遊びを強いているのではない。自分がひっきりなしに体を動かすのだ。子供たちは、男の真剣さに吸い込まれるようにしてついていく。そういう子供たちに、次々に新しい動きを与えて一層引きつけてしまう。

それはため息の出るようなみごとさだった。

保育雑誌によると、保育にサッカーを取り入れる幼稚園が出はじめている。男と子供たちの美しい動きを見ているうちに、律子は、

——ウチでもやってみたらどうだろう、
と考えた。

ある日、露地を歩いていると目の前にボールがころがってきた。何気なく蹴り返す。その向こうにいつもの男が立っている。彼も子供たちも、同じ目の輝き、真剣で美しい目の輝きを持っている。

「サッカーを教えていただけませんか」

律子は男に声をかけた。正確には「教え方を教えてもらう」つもりだった。男は、森田勝と名乗り、この近くに住んでいる、いつでも教えますよ、と答えた。律子が語る。

「彼がどこでサッカーを覚えたのか知りませんが、多分、非常な凝り性で、何かをはじめると一生懸命に打ち込むという性格で上達したのではないかと思います」

四十七年の夏休みに、森田は律子を穂高に誘う。口下手な彼としては、それが精一杯の感情の表現だったかもしれない。律子は承諾した。

二人だけの山旅だったが、途中で森田は一人旅の男をひろうようにして仲間に入れる。

「あなた、そういう歩き方ではダメだよ。ぼくらと一緒に歩きなさい」

と同行することをすすめたのだ。三人になっては、二人だけの話ははずまない。何となく山旅を終え、下山の途中、彼はまた別の男に会う。第二次RCCのエベレスト遠征計画の準備に加わり、のち、副登攀隊長となる青木洋である。律子には、二人がこう話しているのが聞こえた。

「やあ、いいところで会った。実は例のエベレストの話だがね、どうかね、行ってみないか」

「うん、いいな、行こうか」

律子が森田との結婚を決心したのは、その時耳にはさんだ話が本物になって、彼がエベレストへ出発する直前である。

「この人は本物だ、人として一番大事なものを持っている、人間を大事にするということを知っている。そう考えたからです」

律子はそういっている。

律子の両親は結婚に反対した。森田の両親に会って断わってくる、とまでいったが、結局は折れた。

一度決心したらけっして折れることがないという娘のシンの強さを、知っていたからである。

森田は三十五歳になっていた。

エベレスト、K2

昭和四十五年三月、森田がアイガーから帰ったばかりのことである。東京から藤沢のアパートに帰る途中、彼は横浜市西区戸部にある登山用具店「ジャヌー」に立ち寄った。のち、アルパインガイド協会にも所属することになるクライマー、古川純一の店だ。

森田が入って行くと、店には先客がいた。年は二十二、三で、ガッシリした体に精気があふれている。男は、長谷川恒男、と名乗った。

長谷川は二十二年横浜生まれ。森田よりちょうど十歳若い。三十九年、神奈川工業高定時制に入ったころから岩登りをはじめ、四十四年には明星山南壁右フェース・ルートを初登した。

長谷川はもちろん森田の名をよく知っていたが、森田の方は知らない。長谷川がほんの二週間ほど前、谷川岳一ノ倉沢滝沢ルンゼ状スラブの冬期初登をやってきたばかり、ということも知らなかった。

「ほほう、そうですか。どうでした？」

森田は人なつっこく話かけた。ルンゼ状スラブは、彼がやった滝沢第三スラブのとなりのルートである。

森田は、第三スラブをやった時の話などを機嫌よくしゃべった。森田と長谷川では、同じクライマーでも貫禄が違う。長谷川はもっぱら聞き役に回り、何かたずねられると手短に答えるだけだった。

森田は、アイガー北壁のことにも触れた。そのころ、森田隊の登攀は、その直後、無事故で直登に成功した山学同志会隊のそれと比較されて、さまざまな評価を受けている。負傷者を救助隊によって救出されたことをとらえて、

「あれは果たして成功といえるのか」

といった批評もあった。森田はそのことをいろいろと気にしていた。

——随分とデリケートな人なんだな。

と長谷川は思った。

その晩はそれだけで別れている。二人の付き合いが急速に深まるのは、四十七年、森田がアルパインガイド協会に入って、プロ登山家になってからのことだ。長谷川の

方は、一年早くプロになっていた。そのころ、二人に、第二次ＲＣＣエベレスト登山隊への参加の話が持ち上がる。

＊

遠征計画を推進する中心となったのは、第二次ＲＣＣの創設者、奥山章や、当時のＲＣＣ代表、湯浅道男らである。その下で、事務局員としてのちのＲＣＣ代表、須田義信、同事務局長、本郷三好らが働いていた。

それまで、ヒマラヤの八〇〇〇メートル峰へ大遠征隊を送れるのは日本山岳会、つまり、大学山岳部を主流とする組織だけだった。隊員は、大学山岳部の縦の関係で選考され、隊が編成されてきた。

第二次ＲＣＣはまったく違う。町の山岳会出身の、前衛的クライマーたちを同人とする集まりだ。従って、隊員選考も、それぞれの思想や方法論で勝手に登っている者のなかから、腕利きを選ぶ、というかたちになる。組織のなかから選ぶのではなくて、まったくバラバラに散らばっている〝点〟を隊にまとめ上げるのだ。

隊員選考がはじまってしばらくしたころ、湯浅が、

「森田勝を加えるつもりだ」

といい出した時、須田は反射的に、

――何でまたあんな人を……、
と思った。

須田はそれまで、森田に一度も会ったことはないが、彼のクライマーとしての業績は十分承知している。しかし、業績は別として、耳に入ってくる評判が悪過ぎた。

緑ほどの大きな山岳会になると、そのなかで起こっていることや流れている噂は、自然と外に伝わるものだ。昭和二十年生まれ、北豊島工業高―早大に進む一方、町の山岳会に所属し、自ら「クラブ・アルピノ高嶺」を創立、四十三年夏にはヨーロッパへ行ってグランド・ジョラスに登るなど、岩壁に打ち込んでいた須田の耳には「緑の森田」のさまざまな噂が入っていた。

そういう噂を要約すれば、「傲慢」「粗野」「無知」である。それは何とか無視するにしても、おそらくベース・キャンプで指揮を取ることになるはずの湯浅とは同じ年齢である。しかも、登攀歴は外国での記録はアイガーだけだが湯浅よりははるかに上だ。

――そんな男を隊に入れて、湯浅さんは使いこなせると思っているのだろうか。やたら攻撃的な男では、チーム・ワークも何もあったものではない。

須田は湯浅の胸中がまったく理解できない。ヘタをすれば、折角苦心してやっているこの遠征をぶちこわされかねない、とも思った。

「いや、実はオレもな……」

湯浅がいう。

「同じようなことを考えていたのさ。だが、この間会ってみて、彼を誤解していたことがわかった」

悪い評判の多い男だが、岩を登る腕と実績は何しろズバ抜けている。日本山岳会隊が登った東南稜からの通常ルートではなく、未踏の南壁というバリエーション・ルートを狙う第二次RCC隊としては、できることならその腕を借りたい。

そこで湯浅は、人の紹介で森田に会ってみた。それとなく話を進めながら、

「どうですか。エベレストに行ってみようという気はありますか」

と切り出す。とたんに、森田の顔は少年のようにキラキラと輝いた。

「生まれてこのかた、ヒマラヤはぼくの夢でした。しかし、ぼくのような毛並みの悪い男が、行けるところではないと思っていたんです。もし行けるなら、もし……」

「彼はそういって、感激するんだよ」

湯浅が須田にいう。

「オレたちはあの男を誤解している。オレはあんなに純真な男に会ったことがない。彼はすばらしい男だよ」

湯浅はそういうのだが、どうしてあんな男を、という違和感は須田から消えなかった。いよいよ森田の参加は本決まりになって、須田自身が会う段取りになった時も、気が進まない。三十五歳の森田が二十七歳の須田にジロリとひとにらみくれて、

「おう、そこの小僧、お前、エベレストに行って何かやれるとでも思っているのか」

そんなふうなことになりはしないか、と思った。

須田が語る。

「それで会ってみたら、一度にイメージが狂った。こういう人ではなかったはずなのに、と実際の森田さんと、それまで持っていたイメージはまるで大違いなのに驚いたのです。粗野でもなければ無知、傲慢でもない。会って一発で、ああこの人なら大丈夫だ、と思いました。湯浅さんのいった通り、純な人でした。

エベレストへ行ってからの話になりますが、一匹狼だ、自分のことしか考えない男だ、などといわれていたのに、若い隊員の面倒を実によくみる。人の噂なんて、まったく当てにならないと思いました。

さらにいえば、ぼくは森田さんこそ貴族的な人だと感じました。あの人の生まれや

育ちは知りません。知らないけれども、間違いなく貴族の心を持っている、とぼくは思ったのです。

何十人もの男、それもお山の大将ばかりが集まって、長い間山で暮らすのだから、そこら中に不平不満がたまる。一度それを口に出すと止まらなくなる、ということが随分ありました。

しかし、森田さんの口からぼくは、ついに一度も他人の悪口や愚痴を聞かなかった。おいつめられたような状況のなかにあって、です。ほかの人はどうだったか知らないが、ぼくの知る限り、森田さんと、そして長谷川恒男以外の隊員は、ぼくを含めてみんな凡人だった、と感じました。

他人の悪口、愚痴をいわなかったのはこの二人と、登頂した加藤保男、石黒久の四人だけだったとぼくは思います」

自分自身が隊員に決まったあと、森田は湯浅に、

「長谷川恒男を入れて下さい。あいつはできる男ですよ」

と推した。こうして、長谷川も隊員に加えられた。

南壁攻撃は四十八年秋の予定だが、四十七年から四十八年にかけて、隊員の会合がひんぱんに東京で開かれる。会合は深夜まで続き、その帰り途、森田はしばしば横浜

にある長谷川の家に泊まった。一緒に酒もよく飲んだ。世代の違う二人だが、同じ岩壁登高者として強い共感が生まれたのだった。

そのころ、森田は、いまだに果たせない烏帽子沢奥壁大氷柱のことも語っている。あるいは、

——この長谷川となら……、

という期待もあったかも知れない。

堀田弘司の経営する東京・新橋の登山用具店「シャモニ」に現われるたびに、彼は堀田に熱心に語った。

「長谷川というのは大した奴ですよ。できる男だ。若いのにしっかりしている。腕もいいらしい。堀田さん、オレはあいつと組むことにするよ」

堀田はニコニコと聞いている。

「ほう、そんなにできる男だと思うかね」

「できる、できる。今度のエベレストが終わったら、日本には帰らず、その足でヨーロッパへ回って、長谷川と一緒にバンバン登ってきます」

「いい相手がいてよかった。オレも長谷川のことはよく知っている。若いが腕はいいし、体力もある。お前と長谷川が組んだら、そうだな、テレイとラシュナルみたいな

名コンビになるぞ」

「なる、なる。世界最強のザイル・パーティだ」

森田は無邪気に笑い崩れていた。

＊

四十八年四月初旬、上田富雄を隊長とする第二次RCCエベレスト登山隊先発隊六人が羽田を出発した。森田も長谷川もそのなかに入っている。これから十一月の帰国までの八カ月は、森田にとって一生でもっとも多く文章を書いた期間だった。カトマンズでの雑務、ベース・キャンプまでのキャラバン、前進キャンプでの苦闘、そういう日々に、暇をみては恋人、律子にせっせと手紙を書き続けたのである。
〈五月十五日
今日は、リッチ。遠いところにいると君が恋しいです。早く家に帰りたいです。ぼくも苦しいけど、君も苦しいと思います。こうしてネパールに八カ月間もいるということが、二人にとってプラスになるか、マイナスになるかわかりませんが、自分自身の山に登りたいという欲望のために、君に悪いと思っています。カトマンズにこないで、東京で君とケンカしていた方が幸福だったかな、などと考えます。

離れていると、愛情が募ります。こうして外国にいるぼくの方は愛情が募り、君の方が薄れて行くような気がします。長い間に、君に心のスキができるのではないかと感じたりします。まだ一カ月足らずだけど、五カ月、六カ月後、君の気持ちがどのように変わって行くか不安です。

しかし、君を信じています。カトマンズより愛をこめて〉

〈六月十八日

毎日、君の写真とマリアさまを見て一日がはじまります。近ごろ、君もマリアさまに見えてきます。

もしぼくが死ぬような時は、ぼくの君への気持ちとして残しておきたいと思い、町でブレスレットと指輪を買いました。

今まで、何もエベレストについて話さなかったけど、エベレストでの死者の大半はアイス・フォールで死んでいます。ここはどうしても越えなければ、エベレストには入れません。こんなことは、君に心配をかけるので書きたくないのですが、でも、万が一のことを考え、君のことばかり考えて眠れない日が多いのです。ですから、今のうちに君に少しでも、と思っているのです。

カトマンズを出発したら、少しの間、君のことを忘れます。気持ちの上で迷うと失敗するので、悪いけど一時忘れさせて下さい。
エベレストにきた人は、この世のなかに何人もいません。金があって行きたくても行けない人はたくさんいます。山に登りだしてこの方、何年にもなります。これほどゾクゾクする山はありません。ぼくには、死んだ母への憧れをみるような思いがします〉
〈七月十七日
いろいろ心配をかけて申しわけありません。夏休みは秋田に帰ってゆっくり休んで下さい。私のことで心配をかけるばかりで、君に何もしてあげることができず、許して下さい。
今の君には秋田で休養するのはいいことだと思います。
私のこと、きっと反対されると思いますが、私が帰ったら、君の両親のところへ何回でも足を運び、許してもらうつもりです。私は最後まで頑張ります。これから君と生活していくのによい試練と思います。一緒になるのに愛だけではできません。君の先のことも考えなければなりません。頑張りますので、心配だけはしないで下さい〉
〈八月十九日
シャンボチェにはエーデルワイスが花盛りです。君を思う気持ちは今まで以上です。

この美しい花の中に二人でいることを夢に見ています。

これからは、たいへんな山登りになると思います。もしものことがありましたら、けっして泣かないで下さい。そして、強く生きて下さい。いつどこにいても君の幸福を祈っています〉

〈十月十七日
先日は、悪天の中を五日間もC4のキャンプで高見君と過ごしました。今はC1で、最後のアタックに備え、酸素を使用して休養しています。われわれがC1に下る一日前に、シェルパの中で一番強いザンブーという男が雪崩のなかに消えてしまいました。この事故は私に責任があります。C4に閉じ込められて食糧もなくなったので、トランシーバーで食糧を上げてくれるよう頼みました。悪天の中、ザンブーたちが荷上げをし、そしてこの事故にあったのです。
その後、南壁を断念するか登るかで物凄くもめて、一時は隊が二分するようなありさまでした。これまで、天気がよく、調子よく登っていたのですが、天気が悪くなるとガタガタしてしまう。それは失敗を恐れているからだと思います。
明日十八日からいよいよ最後のアタックに行きます。私は南壁隊のリーダーです。南壁は第二の目標となり、苦しい登攀となると思います。二本のルートから登るのは大変です。しかし、これを成功させないと、湯浅さんは大変苦しい立場に立つので、どうしても登らねばなりません。みんなのためにも（遠征計画をバックアップした）スポンサーのためにも登りたい。

湯浅さんは（計画実現のために）三年以上も苦しんで、そして今が一番苦しい時です。それもこれも、この登山が成功することにあります。

私が登らなければ誰もできません。今は私も年もとり、元気もありませんが、全力でやってみます。死力を尽くしてやれば山も許してくれるでしょう。みんなの苦しい顔を見ると、何が何でも登ろうと思います。

エベレストには、あとにお金がついて回ります。私の気持ちをわかって下さい。これが最後になるかもわかりませんが、その時は許して下さい。

幸福を祈ります〉

遠征計画を発表した時、湯浅は計画の目的として①南壁からの初登頂②南壁の初下降③「秋期」初登頂——の三点を上げた。優先順位はつけていないが、尖鋭クライマーの集まりである第二次RCCの計画である以上、未踏の南壁ルートが第一の目的となるのは当然である。「秋期」の頂上に立つのは確かにはじめてであるが、東南稜はすでに「一般ルート」でしかない。

シェルパ、ザンブーのアクシデントと、猛烈な荒天に襲われたあと、隊の主力は東南稜からの登頂サポートに集中された。「町の山岳会」のはじめてのエベレスト登山隊は、どうあっても手ぶらで帰るわけにはいかない。より成功率の高い選択に力を集中しなければならなかった。森田が律子への手紙のなかで書いた、

「湯浅さんが苦しんでいる」

というのは、つまりそういうことだった。

ザンブーの事故でシェルパが動かなくなり、荷上げは極度に制限される。その苦境のなかで、湯浅は、

「南壁と並行して東南稜からも登頂、サポートを目的とする隊を送る」

と決定した。南壁を捨てるとはいっていないが、誰もが、主たる戦闘目的は東南稜へ移った、と知った。

ベース・キャンプに集積した食糧はあと十日分しかない。限られた戦力で、二正面作戦をやれるはずがない。当然、勝算の高い方に主力が集中されるにきまっている。東南稜へもサポート、登頂隊を送る、ときまった時、南壁の戦いにすでに勝算はなかった。そもそも、食糧のストックからいって、戦える時間はすでに限られていた。

南壁で、森田と最後まで行動をともにした重広恒夫がいう。

「トランシーバーによる交信で、東南稜へ転進するか、南壁に残るか、二者択一をしろ、というようなことが隊長からあったわけです。森田さんは南壁を選んだ。南壁を登るためにやってきたのに、それをあえて東南稜へいくことはないということでしょう。ぼく自身もそうだった」

この選択は、いわば、当たりのないクジを引くようなものだった。

緑山岳会に入ってからこの日まで、森田は常に「壁」を追求し続けた。この戦いは、けっして放棄することができない。彼には、次善の策、などというものはなかったのだった。

こうして森田は、明らかに勝算のない戦いへ出ていった。

十月二十六日、森田と重広はC3からC5に入った。もはや補給のないキャンプである。

二十七日朝、トランシーバーで、石黒久、加藤保男の二人が東南稜からの登頂に成功したことを知る。第二次RCC隊の戦いは、これで終わったのだ。

しかし、森田の戦いは終わっていない。

午前九時、森田と重広はC5を出る。突風、気温マイナス三十度。午後二時、南稜への取付点に達する。高度八三八〇メートル。前年、イギリス隊が到達した八三五〇メートルをしのいだ。

　重広が語る。

「五〇メートル登って、森田さんが登ってくるのを待とうとしたら、もう五〇メートル登れというのでさらに五〇メートル登った。そこで下降のポイントを作ったんですが、その時、森田さんはもう下降の決心をしていた。

　あとで聞いたのですが、その時、森田さんの足は凍傷になりかかっていたんです。あの人は、装備に独創的な工夫をします。この時は、三重になった靴の間にレスキュー・シートという、アルミ蒸着のポリエチレン・フィルムを入れた靴をはいていた。これは熱を放散しないというんです。

　ぼくらはそれを見て、むしろ悪い結果になるんじゃないか、といっていた。というのは、あれでは汗が抜けない。そうすると、低温になった時、そこが結露するということがありますからね。やはりそういう結果になってしまった。ぼくが登るのを下で待っている間に、足がそういう状態になってしまったんですね。

　森田さんは最後まで頑張ったわけだけれども、そこで何かがプツンと切れてしまったのでしょう」

　二人は、攻撃ルートとなるクーロアール（岩溝）の入り口に、ザイルと酸素の延長ホースを置いてC5へ降りた。クーロアールを登ってC6を作れば南稜から頂上へ抜けられる、という判断だった。

その夜、ベース・キャンプの湯浅が、トランシーバーで森田を呼び出し、

「これ以上南壁隊を支援できない。南壁を断念する」

と連絡する。森田は、

「もう一日、クーロアールを抜けるまで登らせてほしい」

と頼んだが、

「つらいだろうが、撤収して下さい。頭を下げてお願いします」

といわれると、

「すべて了解しました。明日C2に降ります」

と答えた。

二十九日午後一時半、ベース・キャンプ着。そのベース・キャンプには、テレビのドキュメント番組撮影のため、隊に加わったカメラマンの赤松威善が待っていた。アイガー北壁以来、森田とは二度目の外国遠征である。その赤松が語る。

「あの時、南壁隊は残務整理だという雰囲気があった。敗戦処理みたいなものです。だからぼくも、頂上に登った石黒君と加藤君が降りてくるシーンは撮ったが、敗戦処

理隊の方はあまり撮らなかった。

森田はベース・キャンプに着いた時『もう終わったんだ。これから遊ぶぞ』といっただけでした。敗戦処理に回って不満だ、などという顔はしていませんでしたね」

赤松はそうやって、彼の二度目の不運を目撃した。

しかし、正確にいうならば、これを不運と呼ぶのは当たらない。クジに外れれば不運だが、彼は、もともと当たりのないのを承知でクジを引いたからである。

東南稜を登った石黒と加藤は二十六日午後四時半、頂上に達したあと、下降に移った。すぐ日が暮れる。酸素欠乏のため、目がかすみはじめた。特に、加藤がひどくほとんど見えない。下りはじめて二時間ほどしたところで加藤がスリップ、五メートルほど落ちて、からくも止まる。二人はその地点で、ツェルトなしのビバーク。雪洞も掘れず、目前に死が迫っていた。トランシーバーによる交信も不可能。

その時、長谷川恒男は二人のサポートのため、サウス・コルのE4キャンプに入っていた。キャラバンの途中で肝炎にかかり、カトマンズで入院。戦力として期待されていなかった彼が、終盤になってみごとな働きを見せる。

サウス・コルからベース・キャンプへの交信は、地形の関係でキャンプから十五分ほど歩いた地点でないとできない。須田が語る。

「二十六日夜、ベース・キャンプは石黒、加藤からの連絡がとだえて大騒ぎでした。このため、サウス・コルにいた長谷川は引っきりなしに呼び出されて『何か連絡はないか』と催促された。八〇〇〇メートルの高さで、夜、キャンプを出たり入ったり、十五分の距離を行ったりきたりというのは大変なことです。なみの男にできることではありません。彼だからできたといえるでしょう。あの働きぶりはりっぱでした」

午前六時、石黒たちは八六五〇メートルのビバーク地点から歩き出す。死ななかったのが不思議なくらいの状態だ。ようやく八五〇〇メートル地点にデポしてあった酸素ボンベまでたどりついたが、依然として危機は去らない。

長谷川は、シェルパのハクパ・ツェリンとともに救援に出発する。八三五〇メートルで石黒と出会ったが、加藤の姿が見えない。長谷川は懸命に加藤を探し求める。ハクパ・ツェリンは石黒につけて下降させたので、今は彼一人だけだ。

加藤は、ルートからかなり外れた岩稜の上に茫然と坐っていた。長谷川の必死の働きがなければ、どうなっていたかわからない状態だった。

「あの男はやれる」

という森田の言葉は、まさに正しかったのである。森田も長谷川も、エベレストでそうやって働いた。

＊

十一月、エベレスト帰りの森田が堀田の店にひょっこり姿を見せた。

「おや、長谷川とヨーロッパへ行くはずじゃなかったのかい」

と堀田。

「ああ、あれね。止めたよ」

「一体、どうして？」

「長谷川なんかダメだね。まだまだ若い。もっと修業しなけりゃ役に立たない。自分の山登りを一生懸命やって、それからだよ、ガイドなんかやるのは。若僧さ、要するに」

堀田はとっさに、

――エベレストで何かあったたな、
と察した。

「ところが……」

と堀田がいう。

「わけをいえよ、といっても要領をえない。こっちはじっと聞いているんですが、話がだんだんこんがらかってくるんです。『それはおかしいじゃないか。そこは矛盾してるよ』と突っ込むとますます混乱してしまう。あるいは、聞いているうちに『なんだ、それは自分のことをいってるんじゃないか』なんてことにもなる。とうとうわけがわからずじまいでした。食い物かなんかのことでどうかしたんだろう、と思いましたが……」

隊員たちに聞いてもいっこうに要領をえない。はじめのうちは、森田がさかんに長谷川に気を使って、いかにもお気に入りの感じだったのが、いつの間にかおかしくなってしまったのだという。

先発隊として、ベース・キャンプ予定地を偵察に行った時、長谷川と親しい女性がトレッキングにきていて、隊と一緒になった。何があったのか、その女性を長谷川が邪険に扱ったので、それで森田が腹を立てた、という者がいる。

あるいは、長谷川はチームのなかで個人プレーばかりやっていてけしからん、と森田が批判したのを聞いた、という隊員もある。しかし、その辺もはっきりしない。

長谷川は、森田とは違って単独行の似合うタイプである。たった一人で、身の決着をつけられる男だ。そういう人物は、チームや組織にはなじまない。森田にしてからが、自分を主張してやまない性格だが、長谷川はそういう森田とも違う。

長谷川自身の話。

「ぼくはケンカは嫌いだから絶対にしない。エベレストでも、森田さんとの間には何も起こらなかった。あの人もカトマンズで肝炎になったのですが、あれは流行性だったんです。しかし、ぼくは必死で看病しましたからね。女性とゴタゴタがあった時は、森田さんはその場にいなかった。

ぼくとあの人とでは、山の登り方もタイプも違うし、ぼくの方にはライバル意識なんてものはない。森田さんの方で、何かあったんじゃないですか。ひがみっぽいところがあったし……。とにかく、ぼくの方には何もありませんよ」

世代の違いということではない。その証拠に、森田は長谷川と同じ世代の木村憲司や岡部勝といい仲間を組んでいる。よくケンカをするがそれはすべて一過性で、一切あとに残らない。岡部などは、

「本当は大先輩のはずなのだが、ぼくらはいつも仲間だと思っていた。一番心を許していたのは木村だと思います」

といっている。

堀田に、

「一体何があったんだ」

と問いつめられて混乱してしまったように、本人にもわからない何か――どうにも許しあえない宿命的な何か――が二人の間にあった、それがエベレストではっきりした、ということだろう。

その宿命が、やがて森田をグランド・ジョラスへ導くことになる。

＊

四十九年夏、堀田と森田は客を案内してヨーロッパ・アルプスへ行った。ガイドとして山を登るのが仕事だが、森田にはもうひとつ、大事な用がある。律子を連れて行って、グリンデルワルトの教会で結婚式を挙げる、ということだ。

森田はタキシードを、律子は白のウエディング・ドレスを持って出発した。

まずグリンデルワルトで教会に挙式を頼んだが、

「カトリックの信者でなければ式を挙げることはできない」

と断わられる。次にツェルマットで当たってみたが、ここでもダメだった。

森田はひどくあせった。

「堀田さん、何とかならないかね。式を挙げて、写真を撮らないことにはオレは日本に帰れない。律子の両親に、必ずちゃんと結婚式をやりますから、といってきたんだ」

堀田の弟がパリに住んでいる。彼は、フランス語のできる弟をシャモニへ行かせて駅前のプロテスタントの教会を当たらせた。ようやくＯＫが出たのは、一カ月ほど続いた山の旅の終わりのころである。

堀田・森田ツアーの参加者の一人、池口式子は、山に向かっている時の森田しか知らなかった。何か思いつめたようで、妥協というものをしないこわい人、という印象だ。

その池口は、律子からウエディング・ドレスのちょっとした手直しを頼まれていたが、山から降りてきたのが挙式当日の朝早くだった。

六時ごろシャモニの町を歩いていると、向こうから森田がひどく落ち着かないようすで歩いてくる。

「森田さん、どうしたんですか」

と聞くと、

「え？　うん、ちょっと花屋へ行こうと思ってね」

という。そんな時間に花屋が開いているはずがない。そういったら、

「ああ、そうか。どうも落ち着かないんだ」

と笑いもしない。

二人でホテルへ戻って、池口がドレスの直しにとりかかる。七時過ぎに、森田はもうタキシードに着替えてしまって、

「律ちゃん、胃の薬なかったたっけかな」

などという。

「森田さんも緊張したりするんですか」

池口はとうとう笑い出した。

「当たり前だよ。ぼくだって人並みの人間なんだ」

森田は相変わらず真顔だった。

結婚式は無事に終わった。

「牧師が何かいったらイエスと答えろ。どんなことがあってもノーといっちゃあダメだぞ」

と堀田にいわれた通りにやって、ヘマもしなかった。

式のあと、教会の庭でささやかなパーティーが開かれる。ツアーの参加者や、シャモニのテント場に滞在していた日本人クライマー、それに、通りがかりの各国のツーリストたちも加わった。

その時、池口は森田が涙ぐんでいるのを見届けている。岩を登る時の豪快さだけ見ていた池口には、その姿がいつまでも印象に残った。

森田はすでに三十七歳になっている。

律子は山登りをしない。結婚の旅でも、森田たちが山へ出かけると、一人でテント番をしていた。

シャモニに滞在している時、知り合った日本人夫妻のツーリストと、ケーブルに乗ってラック・ブランへ行った。

「あれがグランド・ジョラスですよ」

と教えられたが、彼女には何の感慨もない。山から降りてきた森田に、

「きょう、グランド・ジョラスという山を見てきたわ」

といったが、彼は何もいわなかった。

*

四十九年十二月、ヒンズークシュ・カラコルム会議の議長、吉沢一郎の自宅でK2登山の第一回打ち合わせ会議が開かれる。五十年十月、パキスタン政府に登山許可を申請。五十一年一月、許可。同年八月、日本山岳協会による主催がきまり、隊員の募

集がはじまった。

五十年十二月、森田夫妻には長男、豊が生まれている。

律子の回想。

「K2の前にも、ナンダ・デビに行くというお話がありました。それは何とか諦めてもらったんですけど、K2はもう行きたくて行きたくて仕方ないんです。長い間、憧れていた山なんだ、といっていました。

半年くらい、そんなふうにしていましたら、湯浅先生が『行きたいんなら頼んでやる』とおっしゃって、それできまりました。きまった時は、うれしくてうれしくてしょうがないという感じでしたね。

家にいる者にしてみれば、心配の連続なんですけど、主人のことを考えますと、正直な話、学校とかにあまり行っていないから、それをひとつの学校みたいな感じで受け取っていました。エベレストへ行った時でも、いいお友達はできたし、視野も広められたし、非常にいい勉強になったのではないか、と思っていました。ですから、きまったのなら行けばいい、そう思いました。

そうしたら、森田は、私と豊に悪いなあ、といいました。どこかへ行く時はいつもそういうのです。生活の方は、そんなにぜいたくをしなければどうにかなりましたし、

Ｋ２へ行かれたら困るということはないんですけど……」

エベレストの先発隊でカトマンズに滞在していたころ、森田は律子への手紙に、

「遠征隊にしばりつけられるのはつまらない」

と書いたことがある。組織のなかでおのれを殺す作業には、エベレストですでにこりたはずなのに、Ｋ２と聞くともうそのことは忘れてしまっている。Ｋ２とグランド・ジョラスは、二十代のころから憧れていた山だったのだ。

エベレストで東南稜に主目標が移った時、森田は、

「これじゃあ、日本山岳会と同じじゃないか」

といっている。このルートはすでに日本山岳会隊によってトレースされている。大学山岳部主流のやったことを、岩壁登高者の集まりであるこの隊がやって何になる、といいたかったのだ。

そのエベレストで、大遠征隊のなかでの制約は思い知ったにもかかわらず、彼は矢も楯もたまらなくなっていたのだった。

そして、エベレストで挫折した彼は、Ｋ２でも挫折することになる。

ベース・キャンプに集結した時、若い隊員たちの間で、

「森田勝といったって、もう過去の人じゃないか」

などという言葉が交わされたのを森田は聞いている。それを聞いていきり立つ代わりに、彼はこういった。

「そういう年齢になって、まだ頑張れるだけの体力を維持するのが、どれほど大変かわかっているのかね」

彼は骨身を削るようにして登攀の記録を積み重ねてきた。「三スラの神話」もそのひとつである。「ホキ勝」の汚名をそそぎ、アコンカグアへ行けなかった恨みを晴らすために、ひたすら登った。

以来、あとから山を登りはじめた若い人たちは、彼に格別の視線を注ぐ。

「これがあの森田か」

という、珍しいものでも見るような目だ。そこで彼は、また自らに苦業を強いなければならなかった。

「そうだ、その森田さ」

そういってみせるために、彼は激しいトレーニングを繰り返した。

K2では、ベース・キャンプまでの長いキャラバンの間中、ポーターと一緒に重い荷を背負った。自分にきつい負荷を与えて、高所での戦いに備えるのである。ベース・キャンプから荷上げ、ルート工作がはじまっても、彼は、ほかの隊員が十五キロから二〇キロの荷を背負ったのに対し、三〇キロをかついでみせた。

「これがその森田さ」

というための苦業である。隊員の何人かは、そういう彼の苦しみを知っていた。

——無理をしているな。

とはっきり見ている者もいる。

そうやって張りつめていた状態に、突如、ピリオドが打たれる。

八月二日、隊長の新貝勲はトランシーバーで各キャンプを呼び出し、四、五日の両日、二次にわたって行なわれる頂上アタックの隊員を発表した。

第一次は馬場口隆一、寺西洋治、小林利明、宇津孝男。第二次は森田勝、重広恒夫、高塚武由、中村省爾。これを聞いた隊員一人一人の胸に、さまざまな波紋が広がっていく。

大学山岳部が送り出すエクスペディションにあっては、隊員たちは縦割りの人間関係で動く。何よりも優先するのは部の伝統、隊の成功であり、隊員はそれに献身し、忠誠を尽くす。隊員は隊というメカニズムのなかの各部品となる。ボッカ(荷上げ)やラッセルで死ぬような苦しみを味わいつつ、ついに頂上をみることもなく終わる者もいる。頂上を踏む者は二人か三人に過ぎない。残りの隊員は、組織へのおのれの献

コンコルディアから見たK2。右のスカイラインが初登ルートの南東稜(アブルッツィ稜)(写真=内田良平)

身、忠誠心に深い満足感を見出だすのだ。

しかし、森田が加わった第二次RCCのエベレストにしろ、今度のK2にしろ、隊員たちはしょせん寄せ集めである。大学山岳部の縦の連帯感などとは縁が遠い。一人一人が、山を登りたい、頂上を踏みたいという個人的な動機で参加しただけのことだ。

各キャンプで隊員たちの胸が騒ぐ。

――なぜオレが外されたのか。

――オレは荷上げのためにここまできたのではない。

誰もが、時間とカネを必死にやりくりしてやってきた。そのあげく、隊の部品として使われただけではたまらない。

ある隊員は、第一次アタック隊に、あらかじめ登攀リーダーときめられていた広島三朗、小野寺正英、森田勝、土森譲、中村省爾、重広恒夫、副島勝人のいずれも加わっていないことにこだわる。

――何のための登攀リーダーだったのか。ひょっとすると、第一次隊はただのラッセル要員で、捨て石に使うつもりではないのか。そういえば、第二次隊はリーダーが三人も入っていて、これは最強メンバーだ。無理算段して資金をかき集めた隊としては、どうあっても頂上を落とさなければスポンサーに顔向けできない。帰ったあとで、カネの帳尻も合わせられない。映画の撮影隊がきているけれども、登頂シーンのない映画なんか、誰も見てはくれないだろう。それはよくわかるけれども、しかし……。

登山はまったく人間的な行為だが、この種の遠征隊は最後に必ず非人間的決定を迫られる。隊員の大部分を、メカニズムの部品として使い捨てる、という決定だ。大学山岳部は、それを部の伝統、名誉という名によってからくも支えるが、社会人の寄せ集めの隊ではそれに代わるものは何もない。

隊員たちは、思い思いの不満や失意、あるいは怒りを、心の中でうめきながら押し殺した。いずれはこういう時がくる。四十人からの隊員が、手をつないで頂上に立つことができないことは、はじめからわかっていたことなのだ。それが嫌なら、隊に加わらなければよかったのであり、今さら何をわめいてもどうにもなるものではない……。

この種の抑制や諦めが、彼らをまともな世間というものに留めておいてくれる、ということを、無念ではあるが誰もが知っていた。そうすることをいつ覚えたか、もはやさだかではないが、これなしでは、世のなかで暮らしていけないことを、思い知っていた。

けれども、森田一人は違う。彼は、山は登りはじめたその時から、まともな暮らしなどというものは拒否している。それは激しい行動であり、彼はその拒否を買うために高価な支払いを続けてきた。今さら、自ら選んだ拒否の行動をねじ曲げるわけにはいかない。

最前線のC5にいた森田は、トランシーバーでベース・キャンプの新貝に、

「体調がよくないので下山する」

と伝えた。

荷上げ、ルート工作と、常に一線で働いてきた彼は、自分こそ最初のサミッターになると思い込んでいた。それ以外の登頂など、まったく意味がなかった。その道が閉ざされたのでは、キャンプに留まるわけにはいかない、という公然の反抗である。

同じC5にいた重広がいう。

「森田さんはエベレストでもK2でも、人一倍働いたが、何かの要因で、突然、プッンと糸が切れてしまうようなところがあった。要因には外的なものと内的なものがある。エベレスト南壁では、足が凍傷になりかけたが、あれは外因だ。K2では、明らかに中から動いた内的要因で、あの人のなかで何かがプッツリ切れてしまったように思う」

ベース・キャンプの新貝や副隊長の原田達也は、トランシーバーに向かって森田の

翻意を叫び続けた。アタック隊員の選考に隊の有力メンバーが造反して下山するなど、前代未聞である。それだけで、隊の名誉はひどく傷つくことになる。

「裏切らないでくれ」

「頼む」

「わかってくれ」

C5では、トランシーバーを渡された重広が、懸命に説明するが、雑音が入ってベース・キャンプではよく聞き取れない。一旦交信を打ち切ったあと、今度は森田が自らトランシーバーを取って交信してきた。これは前よりも聞き取れる。森田がいった。

「もう私の山は終わったということです。それ以外、誰が何といったって、もう終わったと思っています。その辺のところを考えて下さい」

大遠征隊にあっては、あるのは「隊の山」だけである。彼はそこで「私の山」を主張した。彼は「私の山」以外を登ったことがなかったのだった。

このトランシーバーのやりとりを、エベレスト以来の若い仲間である本郷三好が聞いていた。

彼はその時、愛知学院大登山隊員として、K2の隣のブロード・ピークを登っていたのである。直線距離にして二キロ。K2隊の異常な交信内容は、本郷の持っていた受信器に鮮明に入ってきた。一部始終をハラハラしながら聞いた本郷は、K2隊の交信が終わったあとで森田を呼び出し、

「森田さん、老いては子に従えという言葉を知っていますか」

と問いかけた。何ともいいようのない思いを、多少回りくどいがこの言葉に託したつもりである。

本郷がいう。

「何もそんなに頑張ってトップに立たなくたっていいじゃないですか。ここは若い人にトップをまかせて、自分は後ろで正しい判断をして登攀リーダーの役目をまっとうすると考えてみたらどうですか、第一次隊でなくたっていいじゃないですか。そういうつもりでいったのです。森田さんが、トップで登りたいという気持ちはよくわかる。しかし、ここまできて降りてしまったらどうにもならないと考えました」

本郷の呼びかけに森田が答える。

――森田さんは、あのいい方でわかってくれただろうか。

という本郷の危惧は不幸にして当たった。森田はこう答えた。

「本郷よ、お前はそういうけどなあ、今度、ウチの女房も子供も、パパ頑張ってきて

ねと応援してくれたんだよ」

本郷は二キロへだてた森田のこの勘違いがもどかしくてならなかった。しかし、トランシーバーを切って、

——つまり、これが森田さんらしいってことなのか。仕方ない……、
と思った。

ブロード・ピーク隊のベース・キャンプでは、愛知学院大教授で隊長の湯浅がやはり無線でＫ２の異変を聞いていた。

「バカな、何てバカな……」

そう繰り返して泣いている。

トランシーバーが鳴って、本郷が、

「先生、何かいったらいいじゃないですか」

といってきた。

「オレの隊じゃないんだ。新貝さんの顔をつぶせるか」

湯浅はそう答えた。一言いって森田を救いたい。頂上に立たせてやりたい。しかし、その森田を推してＫ２隊に加えてもらった湯浅としては、その一言がいえなかった。

彼は無線機の前で、ボロボロと涙を流し続けた。

湯浅は、山を攀じるという、無為徒労の行為にひたむきにのめり込んでいく森田の純な心を知っている。その純な心のゆえに、森田がまともな世間からはみ出していくのを目前にしながら、何もできないのが口惜しかった。

K2隊のC3には、広島三朗がいた。この遠征では、森田ともっともソリが合わなかった人物である。彼は、第一、二次隊のメンバーが発表されたあと、本部に不満を申し立て、自ら三次隊のメンバーになっていた。

広島が語る。

「C3からC4に上がる途中、降りてくる彼にバッタリ会いました。彼と本部とのトランシーバー交信は聞いていなかったが、会ったとたん、ああ、二次になったのが気に食わなくて降りるんだな、とすぐわかりました。彼は日本を出る時から、オレは一次で登る、といっていましたからね、ぼくは一次当て馬、二次本命説だったんです。すれちがう時、彼は、オレは面白くないんで降りるんだ、といっていました。吹雪のなかだったので、あまり話はしませんでしたが……。

びっくりしたのは、ぼくが三次で登頂に成功して降りてきた時、彼がC1で働いていたことです。(彼は撤収の際、労を惜しまず働いていた)よく(隊の仕事に)戻ってきたなあと思いました。

彼は一生懸命こらえているわけですよね。二次で行っていれば登れたのに、それをギャンブル打ったのが間違いだった。ちょっとのことで人生がガラッと変わっちまったんです。口惜しかったでしょうね。このぼくに、登頂できてよかったなあ、といわねばならない。あれにまさる口惜しさはなかったと思いますよ」

C2には、カメラマンの赤松威善がいた。

「私には、どうあっても第一次隊でなければいけない、トップでなければ何の意味もない、という森田の気持ちがよくわかっていました。あの時の状況からすれば、C5からアタック・キャンプをへて頂上に行くのには、ラッセルが非常に大きな問題だった。だから、もしかしたら第一次隊は頂上まで行けないんじゃないか、という心配が、多分、新貝さんや原田さんにはあったと思うんです。第一次隊の人には悪いが、一次は瀬踏みで、第二次隊で確実に落とそうという作戦があったんじゃないか。しかし、森田にしてみれば、そういう本部の真意なんかどうでもよかったのです」

やがて、森田は一人で降りてきた。赤松はC2で彼を出迎える。

「勝よ、どうした?」

「うん、もう終わったよ」

「……」

「煙草あるか」

「ああ」

森田は腰を下ろして煙草を吸うと、

「じゃあな」

といってC2を去った。それだけだった。ベース・キャンプでは、映画撮影隊のチーフ・カメラマン、瀬川順一が、五〇〇ミリの望遠カメラをセットして、森田が降りてくるのを待っていた。C1からのルートは、ベース・キャンプ前の小さな尾根を下ってくるようになっていて、はっきりした踏み跡がついている。五〇〇ミリの望遠なら、森田の表情がアップで撮れる。瀬川はそれを狙っていた。

尾根の向こうに人影が現われる。カメラマンはファインダーに目をつけた。森田がチラッとベース・キャンプを見る。そのすぐあと、彼は踏み跡を外れ、右のセラック（氷塔）地帯へ踏み込んでいった。望遠カメラに気が付いたのだ。ファインダーから、造反者の姿が消えた。

瀬川は標準レンズに替える。ベース・キャンプのすぐ手前に現われた森田を、十数秒間のワンカットでとらえただけだった。

隊員たちや赤松が考えた通り、第一次隊はラッセルに阻まれて登頂に失敗し、森田が加わるはずだった第二次隊がサミッターとなった。十年前のイタリア隊に次ぐ、第二登である。

もう一度、赤松。

「アイガー北壁、エベレスト、そしてこのK2と、三度が三度とも私は森田のトラブル、不運の場に居合わせることになってしまいました。帰国後、一緒に酒を飲んだりすると、彼は、オイ、赤松っちゃん、あんたたちの作る映画にオレの姿を入れるなよ、入れたら殺すからな、とよくいっていました。編集の際、彼の扱いをどうするか、議論があったようですが、とにかく、ああいうことがあったのは事実なのだから、ということでトランシーバー交信と下山のシーンが加えられたわけです」

＊

K2から帰国してしばらくたったころ、森田が大野栄三郎のところへ遊びに来た。緑山岳会を辞めたあとも、何かと相談相手になっている。

「ひとつところに六カ月つとめたらお嫁さんを世話してやる」

という約束を破られたのをはじめ、何度となく不義理を重ねられ、あるいは厚かましい頼みを持ち込まれているのだが、来ればやはりニコニコと迎えてしまう。森田という男には、どういうわけか、相手をバカにお人好しにしてしまう何かがあるようだった。長男、豊が生まれた時には名づけ親にもなった。

「K2では、どうしてあんなことをしたのかね」

と大野は聞いて、すぐ、しまった、と思った。こういう時、森田は際限もなく他人の悪口を並べ立て、愚痴をこぼし続けるのがいつものことだ。聞かなけりゃよかった、と思ったがもう遅い。

森田はゆっくりと口を開いた。

「大野さん、あれはオレがいけなかった。悪いことをしたと反省しています」

おもわぬスキをつかれた感じで、大野は、

「しかし、お前……」

といいかけて絶句する。

——この男がそんなことをいうとは……。

事態を理解しようと大野は黙り込んだ。

——あれほど攻撃的に生きていた男に、一体、何が起こったのだろう。人間が丸くなった。なんてことではない。ひょっとすると、妙にディフェンシブになってしまったのだろうか。この男に、こんな台詞は似合わない。そろそろこいつも……。

大野はいった。

「森田よ、お前、どうやらザイルのトップは無理になったんじゃないか」

森田が聞き返す。

「どうしてです?」

「つまりだな、反省してますなんていい出すようじゃあ、お前もおしまいってことさ」

森田は黙って大野の顔を眺めていた。

グランド・ジョラス

　K2へ行く前、森田は、東京・新大久保にある株式会社ICI石井スポーツ登山本店のアドバイザーという職を得ていた。月給十万円。二階に小さな部屋を与えられ、そこで客の相談に応じたり、登山用具の開発、研究をする、という仕事だ。かつての緑山岳会の後輩で、同社の専務をつとめる横田正利の口ききによるものだった。何時に出社しても自由だし、山行で長期間休んでも、十万円の月給は保証されていた。この年、小田急線東林間に、中古だが家も買った。

　同じ店に、渡辺篤夫というクライマーが働いている。森田より三歳若いが、彼が衝立岩正面壁の単独登攀をくわだてて転落した時、たまたま現場に居合わせてかつぎ下ろしてくれた人物だ。渡辺もまた、プロのガイドとなり、山にのめり込んでいる。

　その渡辺に、森田が説教した。

「なあ、ナベよ。人間、家庭というものは何よりも大事なんだぞ。お前も少しはまともな暮らしをしたらどうだ。オレなんか見ろよ。ちゃんと家も買ったし、女房、子供を大事にしている。山もいいが、そろそろ生活のことを考えなけりゃダメだぞ」

渡辺はキョトンとするばかりである。余人なら知らず、この森田にこんなことをいわれようとは思ってもみなかった。しかし、当の森田は、その奇妙さに気がついていない。

今、彼は間違いなく有名である。ガイドの仕事で講習会へ行けば、誰もが尊敬の目で彼を見た。若いクライマーが相談にもくる。木村憲司、岡部勝ら若い仲間もいた。豊が生まれたあと、幼稚園を一時辞めた律子は、五十年からまた職場に戻った。四十歳を越えて、この人物にもついに生活の安定というものが訪れたように見えた。少なくとも、後輩に、

「おい、まともな生活をしろよ」

というほどにはなった、ということだ。

石井スポーツを本拠に五十三年一月「森田勝・登山技術専門学校」を開き、弟子を持つ身にもなった。かつて、あれほど憧れていて行けなかった「外国の山」にも、五十二年から毎年、行っている。多くは客を連れてのガイド旅行だが、その合い間にはドリュなども登った。

このまま腰を落ちつけても悪くない生活だった。同年輩のクライマーたちはみな一線を退き、仕事と家庭に打ち込んでいる。

だが、森田勝はそういかなかった。

*

五十三年三月、長谷川恒男がアイガー北壁冬期単独登攀に世界ではじめて成功した。前年にはマッターホルン北壁の冬期単独初登攀をやっており、これでアルプスの三つの壁のうち二つまでを落とし、残るはグランド・ジョラスのウォーカー側稜だけである。

アイガーのニュースを聞いた瞬間、森田の顔色がさっと変わった。妻の律子はただならぬ気配に気づく。

宙をにらんでいた森田が、やがて、恐ろしく張りつめた口調でいった。

「オレはグランド・ジョラスへ行く。悪いが、好きなことをやらせてくれ」

どうしてとか、行かないでなどとはとてもいえる感じではなかった、と律子はいう。

「ガイドの仕事で忙しい時、自分のおカネで自分の好きな山に行きたいなあ、とよくいっていました。でも、それはただ、行きたいなあ、ということだけだったのです。

あの時は違いました。私は何もいうことができないくらい、思いつめた顔でした。結婚して以来、自分の山にはほとんど行っていません。ガイドの仕事ばかりでした。自分なりの登攀をやっていなかったのです。長谷川さんがアイガーを登ったと聞いて、それはもうひどいショックを受けたようでした。

エベレストやK2には行きましたが、大きな登山隊のなかに入ってしまって、自分が本来めざしていた登攀を忘れていた、ということもあると思います。結婚してからの何年か、家庭というものがあるし、やりたくてもできなかったこともあるのでしょう。そういうことが一度にショックとなってきたのですね。

長谷川さんとめぐり合った、ということは、確かに主人の運命に大きな意味をもたらしたとは思いますが、グランド・ジョラスへ行くと決心したのは、あの人を意識してということより、自分のやってきたことをあの何年間かしていなかった、そのショックによるものだと思います。自分の生きる姿勢がディフェンシブになっていたのに気づいた、ということではないでしょうか。

なぜグランド・ジョラスに行かねばならないのか、については一言もいいませんでした。私の方から、どうして、と聞ける感じでもありませんでした。

それまでは、どこか山に行く時は相談する、といったところがありました。K2に行った時は、山登りをこうして続けていられる自分は本当にしあわせだけど、周りのことを考えると、大きな犠牲を払わせてしまっている、悪いけれど、頼む、などという手紙を書いてきました。しかしこの時は、もう、何もいわずに、オレは行く、なんです。

よほどショックが大きかったのだと思います」

ほんのちょっとの間、戦うことを忘れていた男が、突如、それに気づいたのである。人は、戦わなくても生きていける。どこかにいる敵――時には自分自身という――の姿さえ見ようとしなければ、静かに静かに暮らすことができる。しかし、森田は自分が戦いを忘れていたことに気づいた瞬間、まるで、なぐり倒されたほどの衝撃を受けたのだった。

エベレストやK2で、彼は組織に抵抗した。K2では、抵抗するために頂上への機会を放棄さえした。

しかし、彼にとってこれは本来の戦いではない。彼の戦いとは、自ら思いつめたことをやり抜くという、内に向かったものなのであって、大登山隊のなかでの造反など、ただの寄り道でしかなかった。

彼はそれに気づいたのである。キッカケを与えたのは、長谷川恒男という、彼より十歳若い野心的なクライマーだった。

*

その年の夏、森田は日本から客を連れてヨーロッパ・アルプスへ出かけた。マッターホルンのヘルンリ尾根を客と一緒に登るため、ヘルンリ小屋に泊まった日、加藤滝男と会う。彼も客を案内していた。

加藤は谷川岳一ノ倉沢烏帽子沢奥壁ダイレクト・ルート、穂高岳屏風岩右岩壁ダイレクト・ルートなど多くの初登に成功、さらに、JECCパーティを率いてアイガー北壁ダイレクト・ルートを開拓、ヨーロッパでも名を知られた名クライマーである。森田より七歳若い。四十八年、スイス・ガイド組合の試験に合格し、外国人としてははじめてスイスのガイドになった。スイス人と結婚し、ジュネーブに住んで市内の時計店に勤務するかたわら、ガイドの仕事を続けている。森田とは、日本やヨーロッパの山で何度か会い、互いに顔を知っているが友人というほどの付き合いはない。

はじめて森田の名を聞いたのは、彼が滝沢第三スラブを登った時だ。その後、JECCでの彼の後輩である木村憲司らとアイガーに登ったし、第二次RCCのエベレスト隊では弟の保男と一緒だったから、彼に関する噂は聞いている。ひどく我が強くて、

折れるということを知らない男だ、と聞いていたが、エベレストの準備が進んでいたころ、保男が、

「森田さんは随分変わったよ、人づき合いができるようになったもの」

などといっていたのを覚えている。ヘルンリ小屋のベランダで、森田はその加藤に声をかけた。

加藤はもともと口数が少ない。森田がしゃべるのをもっぱら聞いた。

「ぼくはこの冬、グランド・ジョラスを一人で登ろうと考えている」

「ほう、そうですか」

「長谷川恒男という男を知っている?」

「名前をちょっと聞いたような気がするが、よく知らない」

「すっかりジャーナリズムに乗っちゃってね。広告代理店や映画撮影隊、スポンサーをつけて大がかりなことをやっている」

「……」

「その撮影の仕事を同じプロがまた手伝ったりするんだ。自分もプロなら人の手伝いなんかしないで自分の登攀をやるべきだよ。情けない話だ」

「まあ、いろいろあるから……」

「長谷川みたいな若いのに、そんなことをやられちゃあ黙っていられないよ。そうだろう」

加藤は聞きながら、

――だからオレが先に登ってやる、といいたいんだろうが、この人、いやに焦っているなあ……、

と思った。

彼は、森田という人物がいかにもツイていない人物だと聞いている。エベレストやK2ではサミッターになれなかったし、大事な時、大事な勝負にツキというものがない。そのせいで焦っているのか――森田と別れて小屋に入りながら、加藤はそう考えた。

「焦りならぼくにだってある。自分の年齢というものに対してです。いつまで登っていられるかな、と思います。そういう焦りが、自分を突き動かすエネルギーになることもある。

人間は年を取ると、どうしても追う身になってしまう。ある程度名前を知られて、その名前が上に行って、今度はそれを必死に追いかけるわけです。ヘルンリで会った時、森田さんにはその種の焦りもあったと思う」

この年、森田は六月末に日本を出発し、ガイドだけでなく自分自身もドリュの北壁を登り、そのあとでアメリカへ飛んでヨセミテに回り、十月に帰ってきた。

帰国するとすぐ石井スポーツを訪れ、横田を通じて八十万円の借金を申し込む。会社は森田の給料を十一万円に上げ、上がった分の一万円を返済分に当てることにしてくれた。

十二月四日、豊の誕生日をすませて森田はまた家を出る。羽毛服の裏に、

「やるときめたら男は必ずやる」

と大書し、律子にも何か書いてくれという。律子は、

「パパ、頑張って。律子、豊」

と書いた。

家を出る時、ひどく緊張した顔だった、と律子は覚えている。

*

十二月八日、森田はシャモニに着いた。この町にはスポーツ用品店「シャム・スポーツ」で働いている斎藤和英、同じく「スネル・スポーツ」の津田博という二人のクライマーが住んでいる。ともにフランス人と結婚していて、毎年のようにシャモニ

を訪れる森田の友人である。むしろ、ファンといってもよかった。

さらに、フランスやイギリスのクライマーたちの間で人気のある居酒屋兼レストラン「ナシオナル」のシモン親父がいる。カネのない若いクライマーたちに安くてうまいものを食わせ、何かと気を使ってくれる親切な男だ。森田はこの店によく通って、酔うとカウンターによりかかって歌を歌った。

みんな森田を親切に迎えてくれる。彼は斎藤たちにいった。

「でかい登攀はもうこれ一発でおしまいにするよ」

おしまいにする、といっても気弱になっているのではない。それどころか、ギラギラするような気迫が伝わってくる。

——長谷川がくるのを意識しているんだな。

と斎藤は思った。

年内に荷上げをすませてチャンスを待つ。彼は単独登攀者向きではない、とは誰もがいうのだが、彼はたった一人、エギーユ・デュ・ミディのケーブル駅からバレ・ブランシュをスキーで降り、レショ氷河を登って荷上げを繰り返す。その間、フランス語の流暢な斎藤や津田に頼んで、毎日、天気図を取り、天気予報を調べた。

一月二日、レショの小屋を出てアタック。天気がすぐ崩れていったん小屋に引き返し、五日まで待ったが回復しない。やむをえずシャモニに下ったが、着いたとたん、晴れ。翌六日、再びレショ小屋に入り、七日、ウォーカー側稜に取り付く。天気はまた悪化し、翌日、アタックを断念する。一月十八日、三たび登りはじめたが、悪天候に見舞われて敗退した。以後、一カ月間、天候は回復しないまま。シャモニには終日、雪が降り続いた。

「折角早くきたのに登れない。まごまごしていると、長谷川君がやってくる。森田さんは焦っていたようです」

斎藤はそういう。

二月に入って、長谷川が映画の撮影隊とともにシャモニに到着した。この撮影隊には、カメラマンの赤松威善も加わっていた。過去三度、外国の山で会った二人は、東京でもよく一緒に飲む間柄になっていたが、この時、森田は赤松にグランド・ジョラス行きのことは話していなかった。

赤松が着いてすぐ、森田がウイスキーを一本下げて赤松のペンションを訪ねてきた。

「差し入れだ。飲もうや」

という。

「天気が悪くって参ったよ」

ともいったが、それ以上、格別の話は出なかった。しかし、帰り際に彼は、

「オレのことは撮るなよ」

といい置いた。

くる日もくる日も雪が降っている。森田は一日中クロス・カントリー用のスキーをはいてアップ・ダウンのあるコースを滑っていた。もともとクロス・カントリーは好きなのだが、遊びでやっているのではない。これが彼のトレーニング法なのだ。

森田、長谷川のほかにもう一人、ウォーカー側稜の単独登攀を狙う日本人クライマーがいた。JCC（ジャパン・クライマーズクラブ）の勝野惇司である。

赤松は、森田との友情は友情として、第一登を狙うクライマーたちの間にもし火花が散るのなら、それはぜひ撮りたいと考えていた。彼は何よりもまずプロのカメラマンなのだ。

シャモニのパッサージ・ド・ラ・ヴァルロープに、日本人のクライマーたちが「踏み切り小屋」と呼ぶアパートがある。その一室を代々日本人クライマーが借りていて、みんなでカネを出し合って共同炊事をするところだ。電車の踏み切りが近いことでこの名がついた。ここに集まる若いクライマーたちの間で、森田は抜群の人気があった。

彼らは長期間、ヨーロッパに滞在し、細々とした仕事を探して食いつなぎ、アルプス

の岩壁を登っている。いずれは日本に帰らなければならないが、帰ったあと、何をして暮らすかという当てはない。その彼らから見れば、森田は自分たちの「先を歩いた人」なのである。

森田はこの踏み切り小屋をよく訪ねた。昼間はトレーニングのスキー、夜は「ナシオナル」か踏み切り小屋、という毎日だ。

撮影隊がきてからは、夜、しばしば彼らのペンションに遊びに行っている。そこで酒を飲んだ帰り、踏み切り小屋に立ち寄ると、時に、

「長谷川の奴……」

などということもあった。

長谷川が語る。

「森田さんとはスキー・ボードで一緒に遊んだり、一緒に飲みに行ったりしましたよ。しかし、グランド・ジョラスについては、ま、頑張って行こうよ、くらいの話しかしていない。お互い、一番気にかかっていることだし、いわばタブーというものじゃありませんか」

一方、赤松は森田を引っ張り出すことに成功する。

「お前だって登りにきているんだから、ちょっとだけ撮らせたっていいじゃないか。

トレーニングしているところを撮りたいんだよ」

というと、森田は、

「あしたの朝、クロス・カントリーをやるから撮りゃいいだろう」

といったのである。

ドキュメンタリーだから、むろん、ギャラなどは出ない。森田は、いわば宿敵のための映画に、無料出演したのだった。

人が良いのを通り越して、これは少し間が抜けているくらいだが、結局、このカットは映画では使用されなかった。

二月十四日、赤松は撮影隊のサポート二人と一緒に偵察のためレショ小屋へ行く。小屋には、森田が一人でいた。

——やるつもりだな。

と赤松は思う。長谷川はサポート隊の力は借りず、一人で荷上げを繰り返していたが、まだ攻撃の態勢には入っていない。

相変わらず天気が悪かった。翌日も、翌々日もよくない。

森田は、

「壁に取り付いてからの食糧はもう荷上げしている。ここにあるのは要らなくなるから、みんなで食っちまおうや」

という。台所の事情は撮影隊の方がはるかにいいにきまっている。それに対し、森田の方はまったく非生産的な行為だし、八十万円の借金でやってきたのだ。

その森田が、自分の食糧を気前よく振舞ったのだった。

二月十七日、いくら待っても天候が好転しないので、赤松はシャモニに下ることにする。レショ小屋には、また森田が一人ぼっちになった。

この日も天気はよくない。レショ氷河を下っているうちはまだよかったのだが、メール・ド・グラスに出てからガスが立ちこめ、ガスのなかから雪も降ってくる。ホワイト・アウトの状態で何も見えない。

一時は、ビバークを考えたのだが、ようやく、モンタンベールへの登り口を見つけて、赤松らはシャモニへ帰った。

翌十八日、森田は暗いうちに小屋を出る。グランド・ジョラス・ウォーカー側稜の取付点に立ったのは午前八時半。まず雪壁を登りはじめた。

グランド・ジョラス・ウォーカー側稜は、高度差一二〇〇メートル。アルピニストたちは、

「アイガー北壁は危険であり、ウォーカー側稜は困難である」

グランド・ジョラス北壁。左端のウォーカー・ピークから伸びる岩稜がウォーカー側稜（写真＝大野 崇）

という。トラバース（横断）の多いアイガー北壁は、滑落すれば致命傷となるし、いったん行きづまると退路を絶たれてしまう。これに対し、ウォーカー側稜は直線的だが、難度五級、六級（最高難度）のピッチが連続し、クライマーに高度の技術を要求する。危険を避け、より困難なものに挑戦するアルピニストにとって、最高の戦いの場所だ。

長谷川は、冬の三大北壁を登る順番をマッターホルン、アイガー、グランド・ジョラスとしたことについて、

「退路を絶たれるアイガーを、最後の一本に残したくなかったからだ。しかし、技術的困難さではグランド・ジョラスがやはり一番だった」

といっている。

ウォーカー側稜の夏期初登攀は一九三八年。以来、多くのクライマーが挑戦し、取付から登攀終了点まで、二百本近くの使用可能の残置ハーケンが打ち込まれてあるため、難度は落ちた、とされているが、冬は晴れていても風速二、三〇メートルの烈風が吹く。岩の小さな割れ目、ホールド、スタンス、あるいはテラスには雪がつまり、氷が張りつめ、困難さを増す。天候が悪化したら、非情酷薄の岩壁で死を見つめなければならない。

日本人の冬期初登攀は一九七〇年。小西政継、星野隆男、植村直己、高久幸雄、堀口勝年、今野和義のパーティが、十二月二十二日に取り付き、一月一日、頂上に達した。この間、風雪とスノー・シャワーに痛めつけられ、六人のパーティで合わせて二十一本の指が凍傷のため失われている。

単独登攀ではさらに困難が増す。まず空身でワンピッチ登ってザイルを固定し、今、登ったところを下降。二〇キロほどの荷を背負い、ハーケン、カラビナ、アブミを回収しつつ、ザイルに付けたユマール（登高器）をつかんで登り直す。たった一人で三人分、四人分の作業を背負い込み、垂直、あるいはオーバー・ハングの岩壁を登っては降り、降りては登りを繰り返すのだ。

昭和五十四年二月十八日、森田はウォーカー側稜に取り付いた。晴天である。ラントクルフト（氷河と岩壁の間の割れ目）を越えてすぐ氷壁がはじまる。両手にピッケル、アイス・バイルを持って氷に打ち込み、アイゼンの前に突き出したツメを蹴り込んで、登っていく。氷壁、雪と氷、あるいは岩のミックスした壁と続く。

小西隊の記録によれば、〈ザイル四〇メートルの八ピッチ目でカシン・クラックを過ぎ、十二、十三ピッチで短い氷の凹部を横切り、難しい上昇トラバース、脆い壁を登る。五級〉（小西政継『グランドジョラス北壁』から）

このあと、第一の難関、レビュファア・クラック。ウォーカー側稜第二登のガストン・レビュファが発見したクラック（岩の割れ目）のルートである。

夏、ここを登ったシャモニの斎藤、津田によると、

「ほぼ垂直。平均斜度七十度はある。ホールド、スタンスが少なく、特に出口はかぶり気味（九十度以上）の上、岩がツルツルしていて悪い」

という。難度六級。

森田は、このレビュファア・クラックの入り口に、正午過ぎ、到着した。取り付いてから四時間足らず。斎藤は、

「これは非常にいいペースだ。夏なみに近いタイムで急ぎ過ぎ、といってもいいくらいだと思う。あるいは、少しでも早く登ろうと焦っていたんじゃないかという気がする」

という。事故はこのあとで発生した。

森田はレビュファア・クラックの下に荷を固定し、ザイルの確保点を作ってから登りはじめた。クラックの長さは三五メートル。これをジリジリと登って行く。二カ所にハーケンを打ち、カラビナ、アブミを付けてほぼ二五メートル登った。いよいよもっとも困難な出口の乗り越しがはじまる。

午後一時、森田は頭上に手を伸ばしてスカイ・フックをかける。カギ型の鉄のツメで、ハーケンを打ち込む割れ目がないような時、岩角にかけて微妙な力を託す道具だ。これは、シャモニで津田に借りた。

このスカイ・フックにバランスをかけ、森田はポケットからチューブ入りのミルクを取り出し、飲む。飲み終わった時、突然、スカイ・フックが外れた。

「落ちる！」

と感じた直後、激しい衝撃がきて、そのあとのことは覚えていない。

意識を取り戻したのはほぼ四時間後。五時過ぎだった。正確には、意識というより、全身を襲う激痛に気がついた。というべきだった。

左足を骨折している。胸部にひどい打撲。左腕はどうなっているのか、持ち上げることができない。両手指はしびれている。凍傷がはじまっているのだろう。ピッケル、アイゼン、手袋もない。ユマールは荷を固定したところに置いてきた。

着ているのは下着を含め三枚だけ。これは、ここでは裸同然の姿である。

確保点から先にハーケンを二本打ったはずだが、転落の衝撃で抜けてしまった。だから、レビュファ・クラック下の確保点から二五メートル登り、その確保点を支点に二五メートル、合計五〇メートル落ちたことになる。

意識不明の四時間に何があったか。彼は愕然とする。ナイフを抜いて、胸をしめつけるものを片っぱしから切っていたのだ。偶然か、無意識のなかの意識によるものか、ザイルだけは切っていなかったが、ピッケルやザイルを結ぶヒモや、着ているものまでズタズタに切っている。

体を少しずつずらし、テラス状のところまで移動させる。再転落の危険は一応去ったが、長い長い別の恐怖がはじまる。裸同然で迎える厳冬期の岩壁の夜である。

この夜、彼は何度か錯乱状態に陥っている。

「助けてくれ、誰かきてくれ」

と叫ぶ。実際に声が出ていたかどうかはわからないが、とにかく叫び続ける。

下から、

「オーイ、オーイ」

と呼ぶ声が聞こえる。レショ氷河を見下ろすと、多くの灯がまたたきながら動いてくる。ひどくにぎやかな人声も聞こえる。

──ああ、きてくれた、助けにきてくれた。

ここだ、ここにいるんだ、早くきてくれ、とさらに声を張り上げる。

すると、灯も人声も、ふっと消えてしまう。

一晩中、そういう幻覚が繰り返された。もちろん、——オレは長谷川に敗れるのか、などという口惜しさは感じない。あるのは死の恐怖、助かりたいという思いだけである。

二月十九日の夜が明けた。この日も晴れ。午前十時ごろ、森田はのろのろと動き出した。荷を固定してあるテラスへたどりつかないことには、間違いなく死んでしまう。テラスまでの二五メートルが、生死の境い目だった。

彼にとって、これは生涯の大登攀となった。取付点から頂上までの登攀は何度となくやった。しかしこの二五メートルは、死から生への登攀である。

左足と左手がまったく使えない。直径九ミリのザイルはあるが、それにかけるユマールがない。九ミリの細いザイルに素手ですがって垂直の壁を登る場合、五体満足な人間でもすぐ力が尽きるという。この時彼は、両手でザイルにつかまり、両足を岩壁に突っ張ることもできなかった。

長い時間をかけてザイルにプルージックを取る。メイン・ザイルに別のザイルをプルージック結びで結び、これにすがって登る、というやり方だ。プルージックはザイルの端を引っ張っても動かないが、結び目を持てば上下に動く。これがユマールの代わりになる。

だが、ザイルが濡れ、プルージックの結び目がゆるまなくなってしまう。森田は、その結び目を歯でといた。片手で、長い時間をかけてザイルを結び、さらに長い時間を使って歯でゆるめる。

冬の岩壁で負傷、衰弱して死ぬ時、人は幻覚によって最後の安楽を味わう。

一九七一年二月二十二日、フランスの名クライマー、ルネ・デメゾンとともにグランド・ジョラス・ウォーカー・ピーク・ダイレクト・ルートに挑んだセルジュ・グソーは、風雪のなかで衰弱し、

「ルネ、茶屋へ行って何か食べ、そして飲もうじゃないか」

「ぼくのヘリコプターがやってきたぞ。ぼくのヘリコプター！」（ルネ・デメゾン『グランド・ジョラスの342時間』近藤等訳）

という言葉を残して死ぬ。死の直前に、陽光のなかの楽しい登攀の思い出と、救援のヘリの飛来の幻覚によって、苦しい生から解放されたのだ。

森田にもすでにそれがはじまっている。にもかかわらず彼は依然として登っている。

それは、滝沢第三スラブ、屏風岩青白ハング、そして冬のアイガー北壁、そのほか、彼が四十一年の生涯でやったどの登攀よりも凄い、大きな戦いだった。

自分自身、数々の激しい登攀をアルプスで経験した斎藤がいう。

「あの二五メートルをもしフィルムに映すことができていたら、凄いものになっていただろう」

六時間か、あるいは七時間か、それはさだかではない。午後おそく、森田はとうとうテラスにたどり着いた。

二五メートル、死と生の国境線を越えさせたものは、結局、彼の半生そのものだったようである。

ほぼ二十年間、森田勝という人物は、攀じ登るということしか考えていなかった。金型作りの職人として働き、町を歩き回り、といったことは、彼にとってすべて虚の世界での仮の出来事であり、真実は岩壁を攀じ登るという行動のなかにしかなかった。彼はそれだけを真実であると信じ抜いていた。

彼をグランド・ジョラスへ駆り立てたのも、ひととき、その真実を忘れかけ、それから遠ざかりかけていたという激しい悔恨である。

その悔恨をもたらすキッカケを作ってくれた人物、長谷川恒男は、森田が二五メートルの垂直の国境線でノロノロともがいていたころ、すでにレショ小屋に入っていた。

テラスに着いた森田は、ザックのなかからありったけの衣類を出して着込み、二度目のビバーク。この夜も、救援隊が続々と上がってくる幻覚に何度も襲われた。死は彼のすぐそばに立ち止まって、顔をのぞき込み、時々、身動きしていた。

二十日朝、レショ小屋に待機していた勝野が、長谷川より一足早く取付点に達する。数ピッチ登ったところで、彼は、森田の姿が当然見えるべきところに何も見えないことで異変を察知し、飛ぶようにレショ小屋に戻って救援を依頼する。

シャモニには、フランス陸軍の山岳警備隊が常駐している。全員、腕利きのアルピニスト、クライマーであり、シャモニの町の花形である。ヘリコプターが直ちに出動して森田の姿を発見する。

午後四時、ヘリが岩壁に接近してきてロープを降ろした。そのロープに引き上げられ、森田はヘリに乗った。

涙が流れる。収容されたシャモニの病院で、彼はその時のことを見舞客にこういっている。

「助かった、といううれしい涙じゃなかったような気がするなあ。どちらかといえば、オレはグランド・ジョラスに何しにきたんだろう。怪我をするためにだけわざわざやってきたようなものじゃないか、という情けなさだったと思う……」

二月二十五日午前四時、長谷川はレショ小屋を出る。以後三月四日まで、垂直の壁を登っては降り、登っては降りを繰り返し、ついには幻覚、幻聴に悩まされるという苦闘の末、頂上に立った。世界ではじめて、アルプスの三つの壁の、冬期単独登攀者がこうして誕生した。

そのころ、勝野はすでに登攀を断念し、そして森田は、シャモニの病院の病室のベッドで、折れた足を吊るされていた。

*

森田の病室には、入れかわり立ちかわり見舞客がやってきた。日本人だけでなく、フランス人、イギリス人、ドイツ人もやってきた。「ナシオナル」で飲み、歌った仲間である。シモン親父もきて、枕の下にワインのビンを押し込んで帰った。

誰もが彼にやさしかった。彼、というよりも、その敗北と失意にやさしかった。まともな日常生活からのはみ出し者、などといわれる日本と違って、アルピニズム発祥の地であるシャモニでは、アルピニストは相応の敬意をもって迎えられる。冬のウォーカー側稜を登ろう、というほどのクライマーの場合は特にそうだ。

そのシャモニで、人々は敗者にやさしかった。

長谷川の登攀の一部始終をレショ小屋から撮り終わった赤松が、病室を訪ねた。

森田は折れた足を吊るされ、何かしゃべるたびに打撲のせいか胸をゼイゼイいわせていた。

「やあ、赤松っちゃん、やっちゃったよォ」

「どうなんだ、手と足、動くのか」

「ご覧の通りさ」

「これじゃあお前、成田からはみっともなくて帰れないな。鹿児島あたりからこっそり帰ったらどうだ」

「何いってやがる。つまらんことをいってないで、酒でも差し入れてくれ」

「いいのか、飲んで?」

「いいも悪いもありゃあしないよ。手ぶらでここへくるな」

「元気そうだな」

「元気でなんかあるものか。看護婦がやさしくないんだよ。フランス語をペラペラしゃべれないと思ってバカにするんだ。ああもう嫌だよ、こんなところにいるのは……」

「我慢しろ、明日ウイスキーを持ってきてやる」

「ああ、頼んだよ。明日またきてくれるな」

「うん、必ずくる」

乱暴なやりとりだったが、赤松は、

――勝の奴、大分参ってるな、
と感じた。

参っていないはずがない。激しい悔恨に駆り立てられてやってきて、彼はまた新しい悔恨をひろったのである。

共同通信社のジュネーブ特派員、橋本明は、病室で森田にインタビューした。森田は、

「長谷川君はりっぱなクライマーですよ。できる男です。ぼくが個人的な感情を持っていた、などということはありません」

と語ったあと、枕の下から、

「ちょっとこれを見て下さいよ」

と写真を出してきた。豊の写真である。

「ぼくにはこういう子供がいるんです。一年の半分は山に行ってばかりいて、ぼくは家庭というものを知らない男です。

もう家庭に戻る時期かな、と思います」

写真をしまうと、橋本に向かってさびしそうに笑った。

数日後、斎藤の勤める「シャム・スポーツ」の電話が鳴った。在住七年の彼は、日本人クライマーの相談役であり、シャモニの町と日本人たちの連絡係であり、彼自身が小さな領事館のようなものだ。

電話は病院からで、

「森田がいなくなった。こんなことをされては責任が持てない。あなたが探してくれなければ警察に捜索を依頼する」

という。

見舞いに行った時の感じでは、森田は当分歩けそうもなかったのだが、とにかく、病院の人が「姿を消した」というのだから間違いはない。

――まったく、森田さんという人は……。

スキー客の応対で忙しい盛りに、また面倒を引き起こしたのである。

宿へ行ってみたが、帰ってきた形跡はない。津田のところにもきていない。

――それじゃあ、あそこしかない。

斎藤は踏み切り小屋へ走った。アパートの一階で、十畳ほどの薄汚れた一部屋に、台所がついているだけ。そこに、ベッドというよりは万年床同然の一画があって毛布やシュラフザックが散らかっている。男ばかりの暮らしだからひどく殺風景だ。

斎藤が入って行くと、薄暗いなかで毛布がモゾモゾと動いて森田が目だけのぞかせた。斎藤はその毛布をパッとまくった。

「森田さん、ダメじゃないですか、おとなしくしてなけりゃ。ぼくはもう知りませんよ」

声が思わずきつくなる。

この踏み切り小屋の住人の若い日本人クライマーが、病院のスキをうかがって脱走に手を貸したのだという。

「わかったよ。しかし、あの病院のメシがひどいんだよ」

という森田に、

「とにかくここを動いちゃいけませんよ」

と念を押して斎藤はひとまず店に帰った。津田と一緒にもう一度踏み切り小屋へ行くと、ここからももう姿を消していた。

——どうしてこう面倒ばかり……。

斎藤は腹が立ったが放ってはおけない。警察沙汰になったらいよいよ面倒だ。

彼は「ひょっとしたら……」と「ナシオナル」へ行ってみた。

勘は見事に当たって、森田がカウンターにひじをつき、こちらに背中を向けている。

「森田さん！」

としかりつけようと思って、斎藤は声をのむ。その背中が、何かを必死に訴えているように見えたからだ。

「何もいえなくなってしまった。いけない、さっきはきついことをいい過ぎたな、と思いました。こっぴどく怒ってやろうと考えていたのに、一言もいえないのです。ぼくの顔を見て、森田さんも何もいわなかった。ああ、そんなに寂しかったのかと……」

と斎藤。

津田もいう。

「ダメじゃないですか、という代わりに、本来は慰めなけりゃいけなかったんでしょうが、といって、それをいえばまた森田さんは傷ついたでしょうね」

もう一度、斎藤。

「メシが口に合わないなんていっていたが、要するに病室にいるのがたまらなかったんでしょう。あそこで長谷川君が登ったと聞いているし、白い壁を見ていると敗北感でどうにもならなかったんじゃないですか。失敗した、負けた、もうダメになっちゃった、という気持ちで……。長谷川君の取材のために、ジュネーブから日本の特派員がやってきて、ついでに森田さんの病室にも寄るんです。あれはたまらなかったでしょう」

のち、斎藤は帰国する森田を車でサンジェルべまで送った。森田は松葉杖をついていたが、杖をつかむ手の指も凍傷で真っ黒になっていた。

「森田さん、大丈夫ですか」

と聞くと、森田は黙って笑った。

成田に出迎えた妻の律子に、森田は、

「みんなに悪かったな」

とまずいった。もうちょっとひどい状態も想像していたのだが、思ったより元気そうなので律子は少し安心した。

家に帰ると、温かいご飯が食べたいという。森田はその飯を食ったあと、突然、激しく泣き出した。

自分の不運を嘆いているのか、グランド・ジョラスと長谷川恒男に敗れた口惜しさなのか。森田は何もいわず、ただ、子供のように泣いた。

＊

ルネ・デメゾンはグランド・ジョラスのウォーカー・ピーク・ダイレクト・ルートで若い仲間、セルジュ・グソーの死を見取ったあと、自らも死の一歩手前まで追いつめられる。取り付いて五日目、頂上まであと三〇〇メートルに達したが、猛烈な風雪で岩壁にはりついたまま。十二日目、グソーが死に、十五日目、ヘリコプターで頂稜上に着陸したガイドがワイヤーを伝わって現場に達し、まだ生きていたデメゾンを救助した。シャモニの病院の医師は、デメゾンの命はあと数時間で尽きるところだったろうという。生と死の国境線を、あと半歩で越えるところだった。ようやく危機を脱したころ、デメゾンは病室で妻のシモーヌにいう。

「行かないよ、ぼくはもうグランド・ジョラスには行かないよ」

シモーヌが答える。

「そうですとも。もう、あなたはグランド・ジョラスには行かないわ」

だが、デメゾンにはシモーヌがこの言葉を信じるはずがない、とわかっていた。

『グランド・ジョラスの342時間』（近藤等訳）のなかで、彼はこう書いている。

〈ぼくは一メートル、一メートルと、すべてを最初からやり直し、暗礁に砕ける荒波のように、雲と吹雪がぶつかり合う雪庇の上へ出て、山頂を踏まえるのだ。そのとき、はじめて、心の安らぎは見出せるのだ。そして、なにもかも続けられるのだ。

そのときまでは、トランジットの乗客だ……〉

グランド・ジョラスに敗れた二年後の一九七三年一月、デメゾンはミシェル・クラレ、ジョルジュ・ベルトーネとともに同じルートを攻撃し、苦闘の末、吹雪のウォーカー・ピークに達した。

行動と攻撃しか知らない男たちは、しばしば嘘をつく。

リオネル・テレイは一九六一年、ベスト・セラー『無償の征服者』(Les Conquérants de L'Inutile＝無用のものを征服した人々)を出した。「無用のもの」とは山であり、それを攀じ登るというニヒリスティックなくらい無用、徒労の行為のことである。彼はそこで、

〈あと数日でわたしは四十歳になる(略)わたしの意志はもうそれほど堅固ではないし、勇気も減退した(略)私は山の程度を下げなくてはならないだろう〉(横川文雄・大森久雄訳)

と書いたが、その翌年、ヒマラヤの「恐怖の峰」ジャヌーの初登頂に成功した。その後も、妻のマリアンヌに、

「もう大きな、危険の多い山はやらない」

といいながら、六五年九月、ヴェルコール山群ジェルビエの難度六級のルートをマルク・マルチネッティと一緒に攻撃して墜死した。

テレイにとって最高のパートナー、ルイ・ラシュナルは、一九五〇年、人類初の八〇〇〇メートル峰、アンナプルナのサミッターとなった時、両足指を切断、全身麻酔を必要とする手術だけでも二十回も受けた。そんな体になりながら彼は戦いをやめず、戦列に復帰する。ジュラール・エルゾーグとの共著『若き日の山行』のなかでもっとも感動的なのは、一九五五年、アンナプルナの戦友、モーリス・エルゾーグとともに、モンテ・ローザのマリネリ・クーロワールを登った時の一節だ。

エルゾーグは手の指も失っていたが、二人は高さ一八〇〇メートルに及ぶ氷壁を二人だけで登りきる。

〈ふたりは、いまや耐え抜いた苦痛と、さらにやりきれない煩悶とを超越したことに思いをいたした。（略）一瞬、ふたりは視線を取り交わした。各自は、相手の短い山ぐつをちらりと見た。ラシュナルは、うれしそうに、にっこり笑った〉（近藤等訳）

デメゾンは「山頂を踏む時、心の安らぎが得られるのだ」といったが、攻撃的な人物には、生きている限り、けっして心の安らぎなど訪れない。

一九五五年十一月、ラシュナルはエギーユ・デュ・ミディから烈風のバレ・ブランシュをモンタンベールまでスキーで滑降中、クレバスに転落、首の骨を折って死んだ。

＊

グランド・ジョラスから帰ったあと、森田家には、はた目には平和が戻ったように見えた。律子が語る。

「折れた足を気にして、治るかなあ、これでもう山はダメかなあ、などといっていました。自分の体に不安があったのでしょう。あのころは確かに気が弱くなっていて、どこに行くにも、一緒に行ってくれといって、ちょっとそこまででも、私と豊と、みんなで行きました。

しばらくすると、お風呂のなかで足を曲げる練習などをやりはじめました。それから、ビッコを引きながらマラソンをはじめて、あとは回復までにそう長くかからなかったと思います。普通の人より、かなり短い期間で回復したのではないでしょうか。

そのころ、いろいろな方が家にみえたり、手紙を下さったりして『あまりグランド・ジョラスにこだわるのはやめなさい。別の山をやればいいじゃないか』といってくれました。だから、もう一度、グランド・ジョラスに行く、とは口に出してはいいませんでした。

けれども、当時の日記を見てみますと、こんなことが書いてあります。

必ずもう一度やる、もう初登攀ではないがそれでもいい、トレーニングと装備の研究を一からやり直して一年後に、もう一度やりたい。

グランド・ジョラスは自分が手をつけた山なのだ、完成させなくてはいけない、このままにしておくわけにはいかない、と……。

でも、行くという話はしていませんでした」

森田は次第に体力を回復していった。子供たちとのサッカーも再開している。石井スポーツでのアドバイザーの仕事にも戻った。

岡部勝が経営する東京・御徒町の喫茶店では、時折、第二次RCCの一般集会が開かれる。その会合にもひょっこり顔を出した。

岡部が語る。

「いつも、何となくただの酒飲み会みたいになってしまうんですが、森田さんが出てきたあの晩は活気があって面白くなった。森田さんが、若い連中を扇動するんですよ。同じことをやってるんじゃ意味がない、これからは、ヒマラヤの八〇〇〇メートル峰の岩壁だ。常に一歩進んだ登攀をなぜやらないのか、といったふうにですね。

森田さんの発想にはそういう飛躍があった」

より困難なものをめざす、というのがアルピニズムである。しかし、身を焼くような向上心を、男が四十歳過ぎても持ち続けるのは難しい。何しろ、これは思索や論理でやる仕事ではなくて、自らの肉体を極限状況のなかで酷使するということだ。より困難な、とは、つまり肉体により大きな苦痛を強いることにほかならない。

森田の同世代は、すべて一線から去った。家庭がある、仕事がある。肉体の苦痛、避けられない衰退、ということもある。自分が天上に描く夢をいつまでも追いたい、というエゴイズムを、自らの肉体そのものが阻むのだ。

しかし、森田勝という、純粋なエゴイストには、依然として心の安らぎはなかった。もう四十二歳である。

昭和五十四年、日本山岳会はチョモランマ（エベレスト）に登山隊を送る準備を進めていた。森田にとってエベレストは、やりかけた仕事、である。南壁からの敗退は、いまだに諦めることができない。

森田の心が激しく揺れる。よき理解者である愛知学院大教授、湯浅道男に、

「ぼくを隊員に加えてもらえないだろうか」

と打診する。湯浅は隊員選考の会議に加わっていた。

湯浅は、第二次RCCのエベレスト登山隊を指揮して以来、森田を高く評価している。アルピニストとしての力だけではない。何よりも、その攻撃的な精神、高さ、困難さを求めてやまない純な心の姿勢を、である。

彼は、隊員選考会議に森田の名を出した。

「森田勝？　ありゃいけませんよ。K2の一件があるでしょう。隊がメチャメチャになってしまう」

湯浅にしてみれば、エベレストの時にしろ、K2にしろ、森田がトラブル・メーカーであったとは考えていない。

——要は、あの男をどう使いこなすかということなのだ。

と考えている。彼は、一度蹴られても諦めず、何度も何度も推し続けた。

そのころ、森田は森田なりに、影響力を持つと思われる人物に会ったり、電話したりして頼み込んでいる。ただし、家では律子と豊が寝込んだあとで、こっそり電話のダイアルを回した。声を押し殺して、チョモランマの話を電話でしているのを、律子は床の中で何度か聞いている。

湯浅は粘り強く主張した。

「指揮する側に力があって、森田を存分に働かせれば、彼は持っている力以上のものを出して働く男なんです」

答は、

「そうはいってもねえ、我を押し通してまた造反されてはねえ……」

である。

この押し問答にやがてピリオドが打たれる。出席者の一人が新事実を出してきたのだ。

「K2のことはいいにしても、森田は今年、グランド・ジョラスで折った足の骨に、まだビスだか鉄片だかが入っているんですよ。そういう体の男を連れて行くわけにはいきますまい。無理でしょう」

折れた骨を金属片でつなぎ止め、ある程度期間が経過したあと、再手術をして抜き取る、森田はそれをまだしていないはずだというのである。

会議が終わったあとで、湯浅が東京での連絡係にしている愛知学院大OBで第二次RCC事務局長の本郷三好に、

「君はそのことを知っていたのか」

と聞く。本郷は森田の希望を湯浅に取り次いだのだ。

「いいえ、ぼくもはじめて聞きました」

森田はそのことを、隠していたのである。

本郷は森田にいった。

「そういうものが入っているんだったら入っているといってくれなけりゃ、こっちだって困るじゃないですか。湯浅先生もそれをいわれて、何もいえなくなったそうですよ」

森田は答えた。

「ビスが入ってたって、オレは今の若い連中なんかよりはるかに登れるんだ」

だが、これでチョモランマ行きの話は消えた。湯浅が諦めたのはビスの一件があったからだが、森田をチョモランマから阻んだのは、明らかに、人々のなかに残るK2の記憶である。それが彼を別の道へ、戻ることのない道へ導くことになる。

*

石井スポーツで働いていて、森田に、

「少しは家庭のことを考えろ」

と奇妙な説教をされた渡辺篤夫は、五十五年の冬、パートナーとヨーロッパへ行くことになっていた。前年は森田が出かけたから、今度は森田が留守番をする役目である。チョモランマが消えてしまったら、やはり留守番をするしかない。彼がいない間、渡辺は登山学校の面倒をみてくれたのだ。

五十五年の年が明けてすぐ、渡辺とザイルを組むはずだったパートナーが、父親の病気のために、ヨーロッパに行けなくなった。渡辺も一人で行くつもりはない。

それを聞いて森田の胸のなかに爆発が起こる。高貴の岩壁、氷雪のなかにやり残してきた仕事、のことである。

「悪いけどなあ、今年も登山学校を留守にしていいかなあ。一カ月ばかりだけど」

という森田に、渡辺は、

「ええ、いいですよ」

と答えた。森田は、村上文裕に、

「どうだ、グランド・ジョラスに行ってみないか」

と持ちかける。村上はすぐ話に乗った。二十六歳、物静かで口数は少ないが、綿密な性格、大柄でタフな男。森田登山学校の一期生で、講習会に皆勤し、最優秀賞をもらった。森田の一番弟子である。

さらに、前年の借金がまだ残っているが、石井スポーツに重ねて五十万円の借金を申し入れた。これも横田正利の口ききでＯＫとなった。

いよいよ律子に話す番である。

「はじめに、一カ月ばかりヨーロッパに行ってもいいかな、というのです。グランド・ジョラスに登りに行くとはいいませんでした。それで私は、何をしに行くの、と聞きますと、うん、ちょっとジョラスに行きたいと思ってね、というんです。

私はびっくりしました。困った、とも思いました。それですぐ誰かに電話をしようと思ったんです。何とか行かせないで下さい、思いとどまらせて下さい、と頼もうと思って。そうこうしているうちに、自分で全部きめてしまったのです。

この一年、私なりにしたいことをいろいろと考えていました。今年は子供が幼稚園に入りますし、山の方は何もしないで欲しかったのです。その代わり、音楽会とか、絵の展覧会とか、その方の充電もしたい。子供もここまで育てるのが大変でしたけど、ちょっと手が離れるようになったので、親子三人であちこち出かけたい、と。経済的にもある程度ゆとりができましたし、そんなことを考えていたのです。しかし……」

夫婦は話し合った。

「大丈夫なの。自信はあるの」

「大丈夫さ、オレだって死にたくはない。自信があるからやるんで心配しなくていい」

「でも……」

「けっして無茶はしない。オレはセッカチだけど、今度は、今日はここからここまで、明日はここまで、と一歩一歩やって行くつもりだ」

「グランド・ジョラスに行きたいのはわかります。でも、足のことがあるし、来年にしたらどうなの」

「ダメなんだ。来年は今よりも体力が落ちる。今やらなければ手遅れになる。帰ってきたら入院してビスを取ってもらう。だから行かせてくれ、悪いとは思うけれど……」

今年やらなければ、仕事が完成しない、手遅れになる、といわれては、律子にはもうどうにもならなかった。

アイガーの若い仲間、木村憲司は話を聞いて強く反対した。彼はすでにロック・クライミングはやめ、建築の仕事に打ち込んでいる。

「森田さん、どうして行くの」

「ああ、ちょっと忘れものを取りに行くんだ」

「ダメだよ、森田さん、あと一年待った方がいい、来年にした方がいいよ」

「いや、大丈夫だ。ビスだってもう抜いたんだから」

木村は、森田が嘘をいったとは知らなかった。

＊

森田は、大野栄三郎にも堀田弘司にも、

「ジョラスへ行ってきます」

と電話している。出発三日前に知らされた堀田が驚いて、

「大丈夫なのか」

と聞くと、彼は、

「堀田さん、心配しなくっていいよ。オレには女房と子供がいるんだ。無茶はしないよ」

と答えた。

しかし、登山学校の留守を預かってもらう渡辺には、

「もしオレが死んだら、今いる生徒を最後まで頼むよ」

といい置いている。

＊

二月、森田が村上を連れてシャモニに現われた時、ここに滞在する日本人クライマーたちの間に、一種の戦慄に似た思いが走った。

——森田さんがなぜ、また……。

という衝撃である。

単独登攀をめぐる長谷川との初登争いについていえば、一年前に、すでに勝負は終わっている。そのグランド・ジョラスにまたきたというのは、つまり、クライマー森田の業の深さということではないのか。

ロック・クライミング——しかも厳冬期のヨーロッパ・アルプスでの——は激しい体力の消耗を要求する。いかに業や思い込みが激しくても、年齢による衰えによって断念せざるをえないのが大方のクライマーだ。

だが、森田は、若いパートナー連れとはいえ、再びやってきた。それは、戦慄をともなう光景だった。

斎藤も津田も、

「森田さん、どうしてそんなにこだわるのですか」

とは聞いていない。クライマーである彼らには、その「なぜ?」がわかっている。

それは、触れれば出血しかねない、傷のようなものだ。この一言だけは、口には出せなかった。

「今度はな、無茶はしない。女房も子供もいるからな」

と繰り返す森田の言葉をさりげなく聞きながら、二人は、森田勝という人物の、暗い情熱、業のことを考えていた。

この人物には、まず、幼いころ母を失った、という遠い記憶がある。奉公に行った時のこと、学校のことがある。

緑に入って「ホキ勝」と呼ばれたこと。冬の衝立岩正面壁への破滅的単独行。

破滅的といえば、一年に六回も七回も職を変えつつ、何かに復讐するように登った山行自体が破滅的だった。

そしてアコンカグアへの夢を断たれた恨み。滝沢第三スラブ。彼はこうした登攀を重ねつつ、自らの生きざまを形作っていった。それが向かっていく方向は、次第に危険の色を深めていく。長谷川と出会ったエベレスト、そしてK2。K2での行動は彼の道をチョモランマからグランド・ジョラスへ大きく振ったのである。

二月十七日、斎藤は「シャム・スポーツ」で森田の顔を見た。何か話したそうな顔をしているのだが、あいにく、店はスキー客で立て混んでいる。ようやく一段落して店内を見ると、森田の姿はもう消えていた。

――いくら忙しくたって、いつもなら声くらいかけて行くのに、どうしたんだろう。

とは思ったが、斎藤には何の予感もなかった。

その日、津田は森田、村上とクロス・カントリーをやっている。

「明日の朝もやろう」

というので翌朝、いつものコースへ行ったが、二人はやってこなかった。

＊

二月十九日、晴。レショ小屋で丹沢山岳会パーティと別れた森田、村上は、午前八時半、ウォーカー側稜基部に到着、登攀開始。丹沢パーティがレショ小屋からプリズム（望遠鏡）で岩壁を観察したところ、この日はレビュファア・クラック下のテラスでビバークに入ったもよう。

のち、発見された村上のメモによると「十七時半、レビュファア・クラック下に到着、泊」

二十日、晴。レショ小屋からの観察。レビュファア・クラックを抜け、氷のトラバース、七五メートルの凹状岩壁を登りきる。「ここでビバークかな」と見ていたが、なおも行動を続け、氷のチムニーを抜けてバルコンに達した。

村上のメモ。「午前五時起床、七時出発。十九時、バルコン着。狭い岩棚。シュラフだけで、腰かけてのビバーク。ここまで、かなりバテる」

二十一日、丹沢山岳会パーティは、前線が張り出してきそうもないので、アタックは二十二日ときめ、準備に入る。森田パーティは灰色のツルムを順調に登っている。代わるがわるプリズムを眺めながらの感想。

「苦労してるって感じがまるでないなあ」

「簡単にパッパと登ってるよ」

「森田さんというのは、やっぱりうまいんだなあ」

「それとも、壁の状態がいいのかな」

灰色のツルムを抜けきったところまでは確認したが、その後は不明。夕方から天候が下り坂となり、雪が降りはじめる。

村上のメモ。「八時出発。十五時三十分、岩稜着」

二十二日、夜半から猛吹雪。丹沢パーティの堀内末男は日記に「グランド・ジョラスは黒い雪に覆われ、まったくその姿を見せない」と書く。天気図を取りにスキーでシャモニへ下ったが、メール・ド・グラスは吹雪のなかで視界ゼロ。「シャム・スポーツ」の斎藤を訪ね、

「森田さんたちはきのう灰色のツルムを抜けました」

と報告する。天気図によると、スペイン半島にあった前線がどうやら抜けそうな見込み。

「これが抜けたらチャンスじゃないのか」

などと話し合う。

村上のメモ。「天気悪化。強い風吹き、粉雪舞う。かなり寒い。十時半、悪天回復せず停滞日となる。風雪、霧深し。十六時。今日一回の食事、バター入りブィヨン・スープ。（食料制限のため固型スープを飲む。燃料節約のため）」

二十三日、雪から曇り。堀内はシャモニからレショに戻る。グランド・ジョラスは灰色のツルムから上は雲に覆われ、まったく見えず。

村上のメモ。「五時半起床、ステーキ半分、ジフィーズ（乾燥米）半分。七時半出発。岩稜より三ピッチ進む。コルを越え、ハングを越そうとするが、新雪のため、ルートがわからず敗退。コルでビバーク。ゲータレードを飲む」

二十四日。小西政継の『グランド・ジョラス北壁』のルート図によると、コルから上はこうなっている。

〈脆い壁をオーバー・ハングの下まで登る。三級。オーバー・ハングを右上し、一〇メートル直登する。再びオーバー・ハングに突き当たったら左へトラバースし、ハングの切れ目を登る。五級。右側のスラブを左に回りこむようにして登る。四級。傾斜のゆるい岩稜を進む。三級。三角雪田、雪田の左部を登り、クーロワール入り口に達する。三級〉

このあたりで頂上まであと四〇〇メートル。

レショ小屋では、雪、曇、晴と、天気図で読んだ通り、天候が回復に向かっていった。正午ごろ、プリズムで見ていると、三角雪田直下の岩稜に動くものを発見。ごくわずかな点としか見えないが、赤いウェアの森田であることを確認。

止まっている時間が長い。いかにも苦労して登っている感じ。村上の姿は岩かげに隠れているのか、見えない。

「あそこは三級か四級のところだろう。やさしいはずなのにどうしたんだろう」

「いや、雪がつくと悪いと書いてあったぞ」

「そうかもしれないいな」

一時間近く見ていたが、一〇メートルくらいしか動かない。

「まあ、核心部はもう抜けたんだから、あとは時間の問題だろう」

「三日晴れれば登れると森田さんがいっていたが、やっぱりその通りだったなあ」

やがて、小さな点は見えなくなった。そのうちに、三角雪田にトレールがつくだろうと思っていたが、それは認められなかった。

村上のメモ。「六時半起床、七時、朝食を取る。ゲータレード、シャーベット、ステーキ入りチキン・スープ。昨日に続き天気悪く、粉雪舞う、しばらくようすを見ることにする。（以下余白）」

*

ジュネーブで、加藤滝男が語る。

「ぼくは、森田さんという人は、あの年でよく登っていたと思いますよ。山の登り方や考え方はあの人とぼくは違いますが、その点はりっぱだと思います。一度失敗しても、いつか必ずやり返す人と、うやむやにしてしまうのと、人のやり方には二通りあるけれども、あの人は最後まで貫き通すのですからね。

山で死ぬことですか。ぼくは、誰が死んでも『ああ、やっぱりね』という感想しかありませんね。ロープ使って岩登りをやっている限り、死は背中合わせにくっついているものです。登山家の死に、まさか、はない。あの人に限ってまさか、というほどの登山家が、世界に果たして何人いるでしょう」

＊

二月二十五日。丹沢山岳会パーティの堀内と志倉は、アタック開始に備え、ルート確認のため、レショ小屋を午前十時に出て取付点に向かう。以下、堀内のメモによる。

「双眼鏡で壁上部を見るも人影なし。取り付き点の三〇〇メートル付近まで近づき、ふと、取り付き点から左を見た時、雪の上に黒い点が見える。

たしかあのあたりは、上から降ってくる雪に埋まって何もないはずなのに。

だがその時、瞬間的に、ひょっとしたらひょっとしているかもしれないとひらめき、このむね（後続の）志倉に伝える。志倉は、下に下って連絡するというが、確認もしないで事故の報告はできない。

遠くから見ると、黒い点に見えた物体は、ザック、ブルーのシュラフ、赤い羽毛服であった。

これでほぼ遭難は確実である。クライミング道具のバラついている最上部に何か物が当たったあとがあり、その二、三メートル下に、人間の体があった。状況はかなりひどいように思われる……」

二人は、遺体が雪に流されてもすぐ発見できるようザイルを伸ばし、レショ小屋へ下った。途中、遊覧飛行のセスナ機が飛来したので事故の合図。セスナ機は氷河に強行着陸し、通報を聞くと無線でシャモニに連絡した。

堀内は、斎藤に連絡のためシャモニへ。スキーを走らせながら、

「あの森田さんが、あの森田さんが……」

と繰り返していた。

「人のことを一切気にせず、やりたいことをあの年まで一生懸命やって、死んでしまった。あの森田さんが……」

シャモニの山岳警備隊によれば、二人は約八〇〇メートルを転落しての即死。遺体収容のヘリで現場に飛んだ隊員、フォーシュリエによると、現場上空で遺体を確認後、岩壁に接近、調査したところ、高度三八五〇メートル、三角雪田よりワンピッチ下の垂直の右側で、雪が削げ落ちているのを発見。落下の跡と見られるので、これを事故発生地点と確認した。

警備隊長、ルメルシェ大尉が語る。

「重大なミスがあったとは思えない。森田はすぐれたアルピニストだった、と私は聞いている」

堀内たちは、遺体の状況をカメラにおさめたが、のち、ネガを処分した。

＊

森田の自宅には、外務省から電話で事故の連絡が入った。律子は誰よりも先に、豊に、

「パパが死んだのよ」

と話す。不思議なことに、四歳の豊がとっさに、

「ぼくたち、これからどうなるの！」

といった。

（完）

あとがき（初版より）

昭和五十五年六月、私はシャモニとグリンデルワルトを訪ねた。森田勝氏の遭難から、四カ月ほどたったころである。

この年、ヨーロッパはほぼ全域にわたって異常天候に覆われ、シャモニでは冷たい雨が降り続き、針峰群の裾には深い雪が残っていた。

ようやく晴れた日、シャモニ滞在中の若い日本人アルピニスト二人に案内してもらって、私はメール・ド・グラス氷河に立った。エギーユ・ヴェルト、ドリュ、エギーユ・デュ・モアヌ、グラン・シャルモなど、本や映画で親しんだ針峰が天に向かってそそり立ち、その一番奥にグランド・ジョラスの北壁が見える。時間が音を立てて逆回りし、私は、若かったころの自分の姿をすぐそばに感じたような衝撃を受けた。

スキーをはいてメール・ド・グラスを登り、レショ氷河に入る。グランド・

ジョラスはいよいよ目前に迫り、絶え間なく音楽を演奏していた。それはシンフォニーではなくて、たとえば弦楽カルテットに聞こえた。

十代の終わりから二十代のはじめにかけて、私も何度か山を登ったことがある。若かったころにろくな思い出はない。あったのは、何ともいいようのない無念の思いと、得体の知れぬ挫折感だけだ。そんな気分で山へ出かけると、風景は常にせつなく、張りつめて見えた。山が消えてなくなるはずはないのに、目前の風景が明日は失われてしまうのではないかと、奇妙な危機感に怯えたものだ。

考えてみれば、あれは危機感ではなくて、予感だった。なぜなら、あのような日々以来、私は確実に多くのものを失い続けてきたからである。

レショ氷河からデブリ（雪崩のあと）を登り、ベルクシュルントへ落ち込む小さな沢を渡り、直上してレショ小屋に入る。若いアルピニストが笑いながら引っ張り上げてくれたが、恥ずかしいことに、ほんのちょっと登っただけで私は病気の犬みたいになっていた。

人々の記憶や記録によると、五十四年と五十五年の冬、森田勝氏はこの小屋を少なくとも六回以上訪れたはずだ。そのうち何回かは、一人っきりでやってきている。小屋からは、グランド・ジョラスのウォーカー側稜が目前に見える。氏はどんな気持ちでこの岩壁を眺めたのだろうか、氏をグランド・ジョラスへ駆り立てたものは何だったのか、と考え続けた。

生前の森田勝氏と私は一面識もない。しかし、律子夫人、そして氏をよく知る多くの人たちから話を聞くにつれ、私は同世代の共感といったものが高まってくるのをおさえることができなかった。私の方が五年早く生まれたのだけれども、身近に吹いた風、流した汗、おのれを阻んだもの——そういったものは、痛切なくらい、共通していると思われたのだ。

人々は、長谷川恒男氏に対するライバル意識、プロのアルピニストとしての功名心、などという。しかし私は、森田勝という人物をグランド・ジョラスに駆り立てたものは、そのようなストック・フレーズでは絶対に説明しきれない、と考える。それはひょっとすると、氏自身の存在そのもの、氏の価値観、生きることの方法論にほかならないのではなかったか、そう思うのだ。

齢を取るにつれて、人はいつの間にかディフェンシブに暮らすようになる。人によっては、そういう姿勢にそれなりの満足感や平和、幸福感を見出すが、断じてそうではない人もいる。そうではない人は、一本のナイフを握りしめ、血路を切り開こうと攻撃を試みるのだ。

K2を登りながら、森田氏はノートに「ぼくはしあわせだ。K2にくることができて本当にしあわせだ」と繰り返して書いている。この幸福感は、猫を膝にのせてうっとりしている人のそれとは決定的に違う。話は矛盾するようだが、攻撃的で、傷ましいほど苦渋に満ちた幸福感ではなかったか。

レショ小屋に泊まった翌日、ウォーカー側稜の取付点への途中まで登ったところで、グランド・ジョラスの北壁に雲が湧いた。三角雪田も、灰色のツルムも、たちまち見えなくなった。

スキーのシールを外してくだりにかかったが、私は氷河の上で何度も何度もだらしなく転び、しまいには歩いて降りてくるアルピニストにまで追い抜かれ、ようやくモンタンベールにたどりついた——。

本書のサブ・タイトルには「アルピニスト・森田勝の生と死」とあるが、私にはアルピニストの一代記を書く資格はないし、そのつもりもない。同世代の一人の男の後ろ姿を、息を切らせながら追いかけたということだ。

終わりに、森田豊君に一言。君もいずれ成長して、父親のこと、男の人生の選択などについて、友人と話す日がくるだろう。その時にはぜひ私も仲間に入れてほしい。私は、

「森田勝はひたむきにおのれの人生を生きた、みごとな男だった」

と、どうあってもいいたいのだ。

一人一人、お名前をあげる紙数はないが、取材にご協力いただいた多くの方々に、心から感謝する。

佐瀬　稔

昭和五十五年十月

森田 勝 年譜

一九三七(昭十二)年　十二月十九日　東京・荒川区に生まれる。四人兄弟の長男で、父親は機械工だった

一九四七(昭二十二)年　母親が病死

一九五〇(昭二十五)年　野田の醤油工場に奉公に出る

一九五三(昭二十八)年　父親が勤める萬自動車工業に入社。プレスの金型工として修業をはじめる

一九五七(昭三十二)年　会社を辞め、以後、プレス工として職場を転々とする

一九五九(昭三十四)年　六月　緑山岳会に入会

七月　緑山岳会の剱岳合宿に参加。入山で盛大にバテ、以後「ホキ勝」のニックネームを頂戴することになる

一九六〇(昭三十五)年　一月　富士登山。この年は十一月の富士山合宿までに二十回、三十六日間の山行をこなす

一九六一(昭三十六)年　八月　穂高岳屏風岩東稜第二登

九月　谷川岳一ノ倉沢衝立岩正面壁雲稜ルートを登攀。この年は三十一回、六十三日間の山行をこなす

一九六二(昭三十七)年　八月　穂高岳屏風岩青白ハング緑ルート初登。この年は二十七回、

七十八日間の山行をこなす
十二月〜一月　剱岳小窓尾根からチンネ正面壁登攀。青木敏とともに、チンネ正面中央チムニーから成城大ルートの冬期登攀に成功する

一九六三(昭三十八)年
三月　緑山岳会の積雪期一ノ倉沢登攀合宿で、衝立岩正面壁のメンバーになれなかったことを不服として合宿に不参加。単独で衝立岩をめざすが烏帽子スラブで転落。日本登攀クラブ会員によって救出される

一九六四(昭三十九)年
二月　緑山岳会の創立二十五周年を記念して屏風岩東壁青白ハング緑ルートを登攀後、前穂北尾根、前穂、奥穂、北穂を経て槍ヶ岳、三俣蓮華岳、烏帽子岳、針ノ木岳、鹿島槍ヶ岳と縦走し、鹿島槍北壁正面リッジを登攀する

一九六五(昭四十)年
九月　谷川岳一ノ倉沢滝沢下部ダイレクト・ルートから上部第三スラブ登攀
十月　黒部丸山東壁正面壁を初登攀

一九六七(昭四十二)年
二月　岩沢英太郎とともに谷川岳一ノ倉沢滝沢第三スラブの積雪期初登攀に成功する

一九六八(昭四十三)年
二月　岩沢英太郎とともに谷川岳一ノ倉沢烏帽子沢奥壁変形チムニールートを厳冬期初登攀
三月　木村憲司(ＪＥＣＣ)、友田政美(ＧＨＭ-Ｊ)とともに谷川岳一

ノ倉沢コップ状岩壁正面壁緑ルートを登攀
一九六九(昭四十四)年　一月　谷川岳一ノ倉沢衝立岩正面壁を単独で登ろうとして敗退
三月　小見山哲雄とともに谷川岳一ノ倉沢コップ状岩壁正面壁ダイレクト・ルートを登攀
一九七〇(昭四十五)年　一月　木村憲司、岡部勝、羽鳥裕治、小見山哲雄とともに、ヨーロッパ・アルプスの三大北壁の登攀をめざして渡欧するが、アイガーでメンバーのひとりが転落・負傷し、救助費用がかかったために、アイガー北壁ノーマル・ルート冬期第二登のみにとどまる
一九七三(昭四十八)年　十月　第II次RCCのエベレスト南壁隊に参加。登攀リーダーとして活躍し、当時の最高点八三八〇メートルに到達する
一九七四(昭四十九)年　シャモニの教会で律子夫人と結婚式を挙げる
一九七五(昭五十)年　十二月　長男、豊が生まれる
一九七七(昭五十二)年　八月　日本山岳協会隊のK2遠征に参加。登攀リーダーとして第一線で活躍するが、第二次登頂隊にまわされたのを不服として最前線のC5から下山。みずから登頂のチャンスを失う
一九七八(昭五十三)年　一月　ICI石井スポーツを本拠に「森田勝・登山技術専門学校」を開校
一九七九(昭五十四)年　二月　グランド・ジョラス・ウォーカー側稜の冬期単独登攀をめざすが、レビュファ・クラックで墜落し、負傷。重傷を負いつつも救助される

一九八〇（昭五十五）年

二月十九日　ふたたびグランド・ジョラス・ウォーカー側稜の冬期登攀をめざし、村上文裕とともにレショ小屋を出発

二月二十五日　丹沢山岳会のパーティがグランド・ジョラス・ウォーカー側稜の下部に森田勝と村上文裕の遺体を発見。事故の顛末を知る

解説

（yama-kei classics 版より）

湯浅道男

森田勝は「ひたむきにおのれの人生を生きた、みごとな男だった」（本著・著者あとがき）のひとことに尽きる。本書をひもとくとき、同時代に青春時代を送ったすべての人々は、自分たち世代のみが知ることのできる、ある宿命的な悲哀を共有する自分をみいだすことになる。著者・佐瀬稔氏は、私たちより五歳年長であった。それでも、森田勝の話を聞くと同世代の共感といった思いが高まってくることを禁じ得なかった、と告白している。少年時代、青春時代の社会的背景がほぼ同じだからである。

森田勝をよく知る人によって、佐瀬氏の論調が森田さんの性格をデフォルメし過ぎているのではないか、との批評を寄せられることがある。それは、森田さんと同世代に生きたという佐瀬氏自身の青春像と重ねあわせた「思い入れ」の結果にすぎない、という点も読み込む必要があろう。個人の登攀史は、その人の文字や言葉だけで理解することはできない。その社会的背景を視野に入れることが必要である。

森田勝の山との邂逅は、十七歳の青春時代、家族生活・職場での不満が直接の動機であったといわれる。しかし、この時代の多くの少年たちは、それとは知らずに同様の動機で家庭から逃れ、ときには街でガンをつけられたといって刃物まで持ち出してケンカをするチンピラも横行していた。朝鮮動乱から始まった日本の戦後経済復興による社会の経済的ヒズミのなかで、青年は命を削る思いでそれぞれの生き方を求めて模索していた。自分はどのように生きていくべきか、自分のおかれた環境は社会問題に起因する。労働者は労働運動、そして学生は六〇年安保闘争、東大安田講堂事件、七〇年安保闘争へとエスカレートした。安保闘争で激突する学生と警官隊の罵倒は「税金ドロボー！」「親のスネカジリが大きな顔をするな！」という応酬から、取り返しのつかない激突を招き、非生産的な憎悪を生み、大きな心の傷跡を青年たちに残した。このような時代に生きた森田勝は、すべての青年と同様に、会社の中では「一人の人間」ではなく、会社の「部品」として存在するに過ぎないことに気づいていく。

そして、「俺は何だ?」の答えを求めて、森田勝は自然の中へと逃避していく。労働運動からも社会的活動からも無縁でありたい「職工」は、社会運動の中に埋没して「個」を失っていくことの哀しさを本能的に感知していたにちがいない。腕力は強いが、気に入らぬ人を張り倒すチンピラになるような気質もない真面目で純粋な青年森田は、ふとふれあった「自然」へと傾倒していった。激しい性格と優しい性格を併せもつ彼は、自然の豊かな恵みの中で安らぎを求め、自分の力だけで山の頂に立ち、やがて沢の遡行へと心を奪われていく。俺は何でもできる。激しければ激しい山ほど自分の感性にしっくりと適合する。そんなことを自覚しつつ、森田勝は山行経験を積み重ねていくことになる。

しかし、独りの工夫や努力の山行には、やがて限界がやってきた。自分の感性にあう登山とは、火の出るような激しい登攀以外にはないからである。そのためには高度な登山技術を学ばなければならない。昭和三十四年、彼は緑山岳会の門をたたいた。そこで後年、師とも仰ぐ大野栄三郎氏と出会う。この出会いが、のちの名クライマー・森田勝を生み出すことになった。

入会した七月の夏合宿で森田はバテた。これがきっかけで、ホキる(使いものにならない)森田という意味で、後年まで森田の自尊心を傷つける「ホキ勝」というあだ名を頂戴するはめに陥る。しかし、師・大野栄三郎は、「勝よ」と呼んでやさしく対応してくれた。精一杯に荷をかつぎ、要領悪く働く森田の性格を熟知していたからである。初合宿の屈辱にもめげず、狂うがごとく山行日数を重ねた森田は、翌年には屏風岩東稜第二登をなし遂げるほどに成長した。

ところで、森田勝が激しく行動するゆえんと緑山岳会入会の動機は本書には記されていない。一日でも早く自分のめざす初登攀の戦列に参画したい、という思いを心の中に秘めていたからであろうが、緑山岳会入会の動機について、森田勝は語ったことはなかった。

当時、日本の登山界は大きな転換期を迎えようとしていた。森田が緑山岳会に入会する前年、昭和三十三年は、奥山章らによって北岳バットレス中央稜の冬期初登攀がなされ、数々の先鋭的登攀がそれに続いた。続いてＲＣＣⅡが創立されたが、それは森田勝の心のなかではさして大きなものではなかった。その戦列に加わりたいという野望はともかく、彼は吉尾弘、小板橋徹といった同年代のクライマーに対し、自分は必ず彼らに伍することが出来る、という自負心だけは持っていたにちがいない。なによりも、登攀という行為によって青年は陽のあたる舞台に登場できた。それは人としても超一流の社会的評価を受けることができるジャンルであった。その事実と確信が、森田勝に明るい「生きる」希望を芽生えさせることになったのではないか。生まれつきの家柄や、学歴というものと無関係に、青年は光みなぎる人生が「登攀」によってもたらされる、という確信をもつことができたにちがいない。そのために緑山岳会に入会し、体力をつけ技術を学び、一日も早くそのレベルに達したい、という情熱を押さえることができなかったのであろう。だから「ホキる」まで動き回ることこそ重要だ、と考えていたのかもしれない。

RCCⅡの『登攀者』の時代に乗り遅れた自分が、その遅れを取り戻し追い抜くためには、誰よりも強くなり、少しでも体験を積み重ねなければならない。なにかに憑かれたように山行回数を重ね、生命を賭ける登攀の「誇り」を自分に言い聞かせて激しい登攀へと没頭し、職場を転々として緑山岳会の合宿山行のすべてに参加した。青木敏というパートナーにも恵まれた。当時、雨後の竹の子のように生まれた山岳会のなかで、寺田甲子男氏に懇願してまで緑山岳会へ入会したことは、まさに正しい判断であった。

その年、青木とともに一ノ倉沢の盟主、初登攀間もない衝立岩正面壁雲稜ルートを登攀。そこに至る集中的な登攀の成果から、同ルートの登攀はパートナーの青木も認めるように完璧なものと評価されるようになった。森田自身の心の中に、いままでとは異なる「登攀者」として生きることへの自信がようやく根づくことになる。一ノ倉に入るたびに見上げる大障壁、いつも夢見てきたその登攀が、体力・技術・精神力共に自分の納得する形でかなえられたのである。それからの森田勝は新しい森田勝である、と、自他共に認められたのであった。

以後、堰を切ったように、大登攀の成功がよきパートナーとともに完成されていく。アコンカグア南壁登山への夢の挫折、新しいパートナー岩沢英太郎とともに登った冬の滝沢第三スラブ初登という栄光、緑山岳会の退会処分、そのころから森田勝は名実ともに日本一のクライマーの評価を受けることになる。山で出会うすべての若き登攀者が、森田の後ろ姿をみて「あの人が森田勝さん?」と畏敬の目で追っていたことを知っていただろうか。

いうまでもなく、森田自身も変わった。いや正確にいえば森田勝はもともとそのような人物であった。本書で寺田甲子男夫人が「森田を笑ったり怒ったりする人は、あの子の胸の中にある純な本気を知らないからよ」と語っている通りである。本書ではさらに森田の学歴コンプレックスに言及しているが、それは自分のことでいっているわけではなく、社会の仕組みについての率直な意見にすぎない。

ヒガミと直線的に結びつけられるように読むべきではない。

さて、青木も去り、岩沢も森田を置いて渡欧、森田は必死に働きつづけた。次の夢、アイガー北壁冬期登攀の実現のためである。その夢の実現の前に、世代の異なる天才クライマー木村憲司との出会いがあった。また、彼らの世代で最も人格者と評価される岡部勝、彼らは、すべての面、森田勝の体力、技術、精神力そして人間性に畏敬の念、いやむしろ「愛」に近い友情をもって登攀を終えた。当時、最も強いクライマーと評された木村も岡部も、あらためて森田の偉大さについて語っている。アイガー北壁登攀前のトレーニングの生真面目さ、登攀における森田の慎重さ、強さを異口同音に語っている。森田は名実ともに日本最高のクライマーとしての地位に立っていたといえる。幸福なことに、私はそのような時代の森田と知り合い、一九七三年、エベレスト南壁行を共にできた。エベレスト南壁では彼に南壁の登攀リーダーをお願いした。優れた登攀者は優れたリーダーである、との私の信念からだった。

見事なリーダーであった。言語を絶する悪条件のなかで南壁登頂断念の決着をつけてくれた。長くつらい登山行であったが、雨降るキャラバンから帰りまで、いつも一緒に暮らした思い出は「忘れることができない」の一語に尽きる。一九七七年のK2登山のときも、私は日山協K2登山隊実行委員長であった。しかし、第一次登頂隊員に選ばれなかったことを不服として下山した彼の決断を、トランシーバーを通じて隣のブロードピークのBCで聞いたとき、私はただ泣くことしかできなかった。それは森田美学であったからである。

背筋をキリッとはって生きる森田君、彼がどのような人かと問われれば、「烈風吹きすさぶ氷雪の上でジッと抱きしめていたい」という人であったと答えたい。グランド・ジョラスでの死は文字通り痛恨のきわみである。長谷川恒男との精神的葛藤は勿論否定できない。しかし、ジョラスへの挑戦は、そんなことにあったのではないと断言できる。森田勝の生きざま、美学が森田にその挑戦を強いたのである。登攀者にとって最も美しい岩壁、そこで戦った優れたクライマーの歴史、それらを考えると、自分こそが日本人のクライマーとして最初に登攀すべきだ、という誇りに導かれた結果だったのである。

佐瀬氏は「氏自身の存在そのもの、氏の価値観、生きることの方法論に他ならないのではなかったか」と記されている。大きな山行については、彼は必ず私に相談してくれた。しかしこのときばかりは何も知らせずに旅立った。もっとも、もし相談があったとしても、結局、反対はできなかったかも知れない。

雪降る一周忌に御自宅をお訪ねして以来、お目にかかっていない森田君の最も愛した令夫人律子さんと豊君、御二人がふるさとでみごとに生き抜いておられることを須田義信君からいつもお聞きして、手を合わせる思いで一杯である。

（二〇〇〇年十一月）

『狼は帰らず――アルピニスト・森田勝の生と死』は一九八〇年二月、山と溪谷社から発行されました。
＊本書は二〇〇〇年十二月発行の yama-kei classics『狼は帰らず――アルピニスト・森田勝の生と死』（山と溪谷社刊）を底本としました。

狼は帰らず　アルピニスト・森田勝の生と死

二〇一三年二月五日　初版第一刷発行
二〇二二年三月十五日　初版第五刷発行

著　者　佐瀬　稔
発行人　川崎深雪
発行所　株式会社　山と溪谷社
郵便番号　一〇一―〇〇五一
東京都千代田区神田神保町一丁目一〇五番地
https://www.yamakei.co.jp/

■乱丁・落丁、及び内容に関するお問合せ先
山と溪谷社自動応答サービス　電話〇三―六七四四―一九〇〇
受付時間／十一時～十六時（土日、祝日を除く）
メールもご利用ください。
【乱丁・落丁】service@yamakei.co.jp　【内容】info@yamakei.co.jp
■書店・取次様からのご注文先
山と溪谷社受注センター　電話〇四八―四五八―三四五五
ファクス〇四八―四二一―〇五一三
■書店・取次様からのご注文以外のお問合せ先　eigyo@yamakei.co.jp

デザイン　岡本一宣デザイン事務所
印刷・製本　大日本印刷株式会社

定価はカバーに表示してあります
Copyright ©2013 Minoru Sase All rights reserved.
Printed in Japan ISBN978-4-635-04749-4

ヤマケイ文庫の山の本

新編 単独行
新編 風雪のビヴァーク
ミニヤコンカ奇跡の生還
垂直の記憶
残された山靴
梅里雪山 十七人の友を探して
ナンガ・パルバート単独行
わが愛する山々
空飛ぶ山岳救助隊
山と溪谷 田部重治選集
山なんて嫌いだった
タベイさん、頂上だよ
ドキュメント 生還
ソロ 単独登攀者・山野井泰史
単独行者《アラインゲンガー》 新・加藤文太郎伝 上／下
山のパンセ
山の眼玉
山からの絵本
穂高に死す
長野県警レスキュー最前線
深田久弥選集 百名山紀行 上／下
穂高の月
ドキュメント 雪崩遭難
ドキュメント 単独行遭難
生と死のミニャ・コンガ
若き日の山
紀行とエッセーで読む 作家の山旅
白神山地マタギ伝
山 大島亮吉紀行集
黄色いテント
安曇野のナチュラリスト 田淵行男
名作で楽しむ 上高地
どくとるマンボウ 青春の山
不屈 山岳小説傑作選
山の朝霧 里の湯煙
新田次郎 続・山の歳時記
植村直己冒険の軌跡
山の独奏曲
原野から見た山
人を襲うクマ
新編増補 俺は沢ヤだ！
K
瀟洒なる自然 わが山旅の記
高山の美を語る
山・原野・牧場
山びとの記 木の国 果無山脈
八甲田山 消された真実
ヒマラヤの高峰
峠
穂高に生きる 五十年の回想記
穂高を愛して二十年